もっと日本映画を！

いまを映す作品と見落とせない名作100

立花珠樹
tachibana tamaki

言視舎

もっと日本映画を！　目次

I－1　21世紀の日本映画たち2011～

Ⅱ-2　黄金期の撮影所で培った実力

Ⅱ-3　新しい地平を切り拓く

Ⅱ-4　異才たち

Ⅰ－1　21世紀の日本映画たち2011～

2022年▼高橋伴明監督

『夜明けまでバス停で』

「彼女は私」かもしれない

出演＝板谷由夏、大西礼芳、三浦貴大、ルビーモレノほか

コロナ禍の最中だった2020年11月、東京のバス停で路上生活をしていた60代の女性が殴り殺される事件があった。

高橋伴明監督『夜明けまでバス停で』は、この事件を題材に、社会的に孤立した人々が切り捨てられていく状況を描いた作品だ。特筆すべきは、暗い絶望的な実録ドラマではなく、大胆にフィクションを導入し、一筋の光を感じさせたことだ。映画に何ができるのか、映画の魅力とは何か、を考えさせる作品だ。

北林三知子（板谷由夏）は40代半ば。昼はアトリエで自作のアクセサリーを売り、夜は居酒屋で住み込みのアルバイトを10年以上続けている。

責任感が強く真面目な性格で、別れた夫の借金を自分が払い続けるなど、他人に頼らず生きてきた。だが、コロナ禍に直撃され、仕事も住む部屋も同時に失ってしまう。何とか自力で危機を脱出しようと、介護施設の仕事を見つけるが、それもコロナ禍でだめになる。

居酒屋の店長、寺島千春（大西礼芳）は心配して電話をするが、三知子は窮状を訴えるのをためらう。キャリーバッグと手提げかばんが全財産で、夜間は雨よけがあるバス停で仮眠するが、やがて手

持ちの金が尽きる。

実際の事件の半月後、「彼女は私だ」と書いたプラカードを持った女性たちのデモが東京であった。映画の中で三知子が転落していく過程は、そう声に出したくなるほどリアルで胸に刺さる。トーンが変わるのは、三知子がたどり着いた公園で、ホームレスの人々と出会ってからだ。かつて過激派だったバクダン（柄本明）、スキャンダルを暴露し総理大臣を退陣させた元芸者（根岸季衣）、物静かなセンセイ（下元史朗）。老いたはぐれ者たちが、三知子と心を通わせ、励ます。アベノマスク、菅前首相が「自助を」と求める会見、東京五輪の街路旗などが皮肉たっぷりに映される。時間がたてば国民は忘れる、と政治家に高をくくらせてはならない。理不尽な目に遭ったら、我慢し続けず、もっと怒ろう！　という作り手のメッセージが力強く伝わってくる。

個性的な俳優陣の中で、居酒屋のマネジャー役、三浦貴大の憎々しい演技が光った。

ここにも注目

俳優から脚本家へ

この作品はキネマ旬報ベスト・テンの個人賞で高橋伴明が監督賞、梶原阿貴が脚本賞を受賞した。梶原は1973年生まれ。90年『櫻の園』で俳優デビュー。その後も印象的な役を演じながら、2007年以降は脚本家としても活動してきた。

今作は2本目の長編映画脚本。実際の事件を「私だっていつこうなるか分からないのだ」と感じてスタートし、苦労しながら練り上げたという。主人公とほぼ同世代の女性であることが、映画で描かれる女性同士の連帯や、パワハラ、セクハラ描写にリアリティーを与えているのだろう。

▼キネマ旬報ベスト・テン3位。91分。カラー。DVDがライツキューブから販売中。

2022年▼早川千絵監督

『PLAN75』明日はあなたも排除される

出演＝倍賞千恵子、磯村勇斗、たかお鷹、河合優実ほか

75歳以上の人は自らの意思で死を選べます。審査は不要。支度金10万円を支給。役所の「プラン75」窓口へ申請すれば、国の支援で安らかな最期を迎えられます——。

早川千絵監督の長編デビュー作『PLAN75』は、超高齢社会の問題を解決するという名目で、こんな制度が施行された〝近い将来の日本〟を舞台にした映画だ。

角谷ミチ（倍賞千恵子）は78歳。夫と死別、住み慣れた団地で1人暮らししている。仕事はホテルの客室清掃。同年代の同僚の女性たちと話したり、カラオケで歌ったりするのが気晴らしだ。だが、仲間の1人が勤務中に倒れたことから、全員が解雇されてしまう。団地の取り壊しも決まったミチは、仕事と住む部屋を探すが、どちらも高齢が理由で見つからない。追い詰められたミチはプラン75を申請する。

物語を紹介していくと、将来の話ではなく、今、現実に起きている出来事に思えてくる。ミチが陥る状況は、ホームレスの女性が殺された事件を題材に同じ2022年に公開された『夜明けまでバス停で』の主人公と、そっくりではないか。個人の暴力、犯罪の犠牲になった『夜明けまで―』の主人公と違うのは、プラン75の申請者は、国家が作ったシステムによって合法的に社会から退出させられ

※『PLAN75』
DVD & Blu-ray 発売中　Blu-ray 5,500円（税込）、DVD 4,400円（税込）　販売元：ハピネット・メディアマーケティング　

ていくことだ。

映画は、ミチの物語と並行して、プラン75の業務に携わる若い世代の姿も描く。申請窓口で働くヒロム（磯村勇斗）、申請者専用コールセンターに勤める瑤子（河合優実）、フィリピンに住む娘の手術費用を稼ぐため施設で働くマリア（ステファニー・アリアン）。プラン75の非人間性に、それぞれ直面する彼らの感情に寄り添ったことが、映画に広がりを与えた。

※

社会にとって役に立たない人間はいらない。プラン75を生み出した考え方のターゲットになるのは、高齢者だけではない。明日はあなたも排除されるかもしれないのだ。

倍賞が素晴らしい。室内用温度計が壁にかかる団地の部屋で、テレビを見ながら1人で食事し、切った爪は植木鉢に入れる。勤勉でつましく暮らすミチが、瑤子との会話で、「2度目の旦那」との初デートの思い出を楽しげに語る。孤独が痛いほど伝わってくる。

ここにも注目　磯村勇斗の演技

映画に深みを与えているのが、プラン75の窓口で働く若者ヒロムが、申請に来た伯父、幸夫と出会うストーリーだ。近親者ゆえに担当を外されたヒロムは、長年音信不通だった幸夫に、おいとして向き合うことで仕事に疑問を抱くようになる。

ヒロム役を好演した磯村勇斗は若手演技派の注目株。1992年生まれ、静岡県出身。2015年、テレビドラマ『仮面ライダーゴースト』で頭角を現し、その後テレビ、映画で活躍。23年には障害者施設殺傷事件に想を得た『月』（石井裕也監督）で難役に挑み、数々の映画賞を受賞した。

▼キネマ旬報ベスト・テン6位。112分。カラー。

2021年▼石井裕也監督

『茜色に焼かれる』

理不尽な社会に屈せず闘う

出演＝尾野真千子、和田庵、片山友希、永瀬正敏ほか

弱者を切り捨て、傲慢な連中が幅を利かせる。石井裕也監督『茜色《あかねいろ》に焼かれる』は、理不尽な社会に対する怒りに満ちた作品だ。

素晴らしいのは、苦境にある人々の実態を描きながら、絶望的な映画ではないことだ。主人公の女性と一人息子が、おのおのの場所で続ける闘いは誇り高く、時にはユーモラスで、快哉を叫びたくなる。生きることにとって大切なことは何か、と考えさせる作品だ。

田中良子（尾野真千子）は30代後半のシングルマザー。7年前、夫（オダギリジョー）が高齢者の運転する車にはねられ死亡。中学生の息子、純平（和田庵）と暮らしている。ブレーキとアクセルを踏み間違えて事故を起こしたのは元高級官僚で、認知症を理由に逮捕されなかった。良子は、本人と家族から謝罪の言葉が一切ないのに納得できず、賠償金の受け取りを拒否。小さなカフェを開き純平を育ててきた。

だが、新型コロナウイルス禍でカフェを続けられなくなった良子は、スーパーでアルバイトしながら、純平に内緒で風俗店でも働く。風俗店の若い同僚ケイ（片山友希）は、夫の婚外子の養育費などさまざまな重荷を背負い込む良子を気遣い「もっと怒った方がいい」と忠告する。スーパーの解雇、

※『茜色に焼かれる』
DVD & Blu-ray 発売中　Blu-ray 5,280 円（税込）、DVD 4,290 円（税込）　販売元：ハピネット・メディアマーケティング　

※

学校でのいじめ。母子に次々に試練が訪れるが、良子は屈しない。「まあ、頑張りましょう」。そう自分に言い聞かせ、踏ん張っていく。

石井は公開時のインタビューで、コロナ禍による初の緊急事態宣言が明けた直後、何かに突き動かされるように一気に脚本を書き上げたと話している。社会に内在する格差や矛盾、不寛容さが、コロナ禍によって拡大し、顕在化していったことが、映画を作る原動力になった。

ルールという名の下に弱者を虫けらのように扱う社会。女性を性の道具としか見ない男たち。徒党を組んでいじめをする卑劣な若者たち。純平と一本筋の通った風俗店の店長（永瀬正敏）を除けば、映画に出てくる男は皆、最低だ。もしかしたら自分も同じように、無自覚なまま身近な人を傷つけてきたのかもしれない。思わずわが身を振り返った。

ここにも注目　新作２本が相次いで公開

２０２３年10月に石井裕也監督の新作２本が相次いで公開となった。

１本目は、宮沢りえ主演の『月』。作家、辺見庸が、相模原市の障害者施設で19人が殺害された事件に想を得て執筆した小説が原作だ。文庫版の解説を書くほど辺見を敬愛する石井が書いた脚本は、新たな人物とエピソードを創出。命の尊厳を真っ向から問う作品は、重く見応えがある。

２本目は、松岡茉優、窪田正孝らが出演する『愛にイナズマ』。コロナ禍があぶり出した理不尽な社会を、怒りとユーモアを織り交ぜて描いた。「茜色に焼かれる」につながる作品と言える。

▼キネマ旬報ベスト・テン２位。ブルーレイ、144分。カラー。

2020年▼大森立嗣監督

『星の子』

人はなぜ宗教を求めるのか

出演＝芦田愛菜、永瀬正敏、原田知世、蒔田彩珠ほか

親が信仰を持つ家で生まれ育った子どもたちの苦悩が、安倍晋三元首相の銃撃事件を契機に、改めて注目を集めている。大森立嗣監督『星の子』は、こうした「宗教2世」の問題がなぜ起きてしまうのかを、当事者に寄り添うことで丁寧に描いた作品だ。

林ちひろ（芦田愛菜）は中学3年生。乳児の頃、病弱で湿疹がひどく、母親（原田知世）は精神的に追い詰められていた。ある日、父親（永瀬正敏）が会社の同僚の勧めで持ち帰った「金星のめぐみ」という水をちひろの肌に付けると、すぐに効果が表れた。救われた両親は、水を売っている教団の信者になる。ちひろの姉（蒔田彩珠）は両親の信仰に批判的で、母親の兄の雄三（大友康平）と一緒に、水に神秘的な力はないことを証明しようとする。だが、両親を説得できず、自立できるようになると、家を出て行ってしまう。

ちひろは両親の言いつけを守り「金星のめぐみ」をいつも持ち歩いている。同級生のなべちゃん（新音）は「あんたの親はあやしい宗教に入っていて、お金がどんどんなくなっていく」と、率直に話してくれる友達だ。

物語は、ちひろが憧れているハンサムな南先生（岡田将生）が、公園で奇妙な儀式をしているちひ

※『星の子』
DVD & Blu-ray 発売中　価格　Blu-ray 5,280 円（税込）、DVD 4,290 円（税込）
販売元：ハピネット・メディアマーケティング　

※

ろの両親を見たことから急展開する。両親が大好きで、両親が信仰する宗教を自然に受け入れていた少女が、思春期になり自分の世界が広がるにつれ、外側の人々の目を意識するようになる。疑問を抱きながら、両親を傷つけたくないと悩む少女を、芦田が実に自然に演じている。

『ドライブ・マイ・カー』にも通じる憎まれ役を見事に演じた岡田。教団の広告塔役でカリスマ性と怖さを感じさせた黒木華と高良健吾。滑稽なほどに教えを信じ切る善良な両親を演じた永瀬と原田。大森の演出は、俳優たちから最良の演技を引き出している。芥川賞作家、今村夏子の同名の小説が原作。宗教団体を性急に断罪するのではなく、人はなぜ宗教を求めるのかという根本的な問題を考えさせる作品になっている。自分は宗教とは無縁だと思っている人に見てほしい映画だ。

ここにも注目

ちひろの未来は？

ちひろの両親が信仰する宗教の〝あやしさ〟は、一家の生活が年々貧しくなっていく映像を通して伝わってくる。

ちひろは、自分と同じ「宗教２世」から、カリスマ的な人気を持つ幹部会員２人（高良健吾、黒木華）が、信者を監禁したとして訴えられたといううわさを聞く。そして、泊まりがけの全国集会では、会場で隣に座った男（宇野祥平）からさらに怖い話を聞き、反発と同時に不安も感じる。

映画のラストは、一見、ちひろと両親の一体化を思わせる。だが、ちひろがこの先、どういう選択をしていくのか、答えはまだ出ていない。

▼110分。カラー。

2019年▼今泉力哉監督

『愛がなんだ』

片思いのつらさ、リアルに

出演＝岸井ゆきの、成田凌、若葉竜也、江口のりこほか

自分が愚かな過ちを何度も犯してきたせいだろう。真面目な人の立派な生き方を描いた映画より、だめな人間の物語に惹かれてしまう。

今泉力哉監督『愛がなんだ』は、そんな好みにぴったり合う映画だ。ただし、主人公が〝だめ男〟ではなく、恋愛に夢中になり過ぎた20代後半の女性というのが珍しい。

東京で1人暮らしをしている会社員の山田テルコ（岸井ゆきの）は、数カ月前に出会った出版社勤務のマモちゃんこと田中守（成田凌）を、好きでたまらない。

ある夜、アパートに帰宅したテルコに、守から電話が入る。「風邪で寝込んでいる。もし、会社にいるのなら、食べ物を買って部屋に届けてくれないか」という内容だ。

「会社にいる」と即答した彼女は、食材や洗剤を買って守の部屋に駆け付け、みそ煮込みうどんを作る。守は、こってりした料理に食欲が湧かない。そして、いそいそと浴室の掃除をしているテルコに対し「帰ってほしい」と言って追い出す。

深夜の街に放り出されたテルコは、友人の葉子（深川麻衣）宅に転がり込む。事情を知った葉子は「向こうはどんどんつけあがるよ、やめときなよ、そんな〝おれさま男〟」と、忠告するが……。

※『愛がなんだ』
販売元：バンダイナムコフィルムワークス　Blu-ray・DVD 発売中

※

２人の関係を端的に表す導入部だ。一時的に甘い時が訪れても、結局、葉子の予言通りに事は進む。テルコは守の都合に合わせることを最優先した結果、会社をくびになるが、守との未来は開けない。それどころか、守から好きになった年上の女性すみれ（江口のりこ）を紹介され、深く傷つく。

『サッドティー』など他の作品でもそうだが、こうした報われない愛を描かせれば、今泉演出は天下一品だ。守への執着以外はどうでもよくなってしまったテルコが、常軌を逸した行動に突き進み、泥沼に沈んでいく。それを突き放すのではなく、ユーモアも交え、優しく切なく描いていく。

岸井が片思いに全てをささげる、かわいいが、かっこ悪いヒロインを好演。共演者も魅力的だ。

原作は角田光代の同名の小説。同性であるがゆえに、テルコの〝だめ女〟ぶりをリアルに書けたのだろう。

ここにも注目　若葉竜也が印象的

中心になるのは「テルコ、守、すみれ」の三角関係だが、テルコの友人葉子と葉子に尽くすカメラマン仲原との関係も重要な要素になっている。

お互いに、好きな相手に振り向いてもらえないテルコと仲原が、同病相哀れむ感情を抱くところも面白い。

仲原役は若葉竜也。大衆演劇の一家に生まれ、子役の頃からテレビドラマに出ていた若葉が、いちずで優しい青年を印象的に演じている。若葉はこの後、NHK連続テレビ小説『おちょやん』に重要な役で出演、今泉監督の『街の上で』で初主演するなど活躍の場を広げている。

▼キネマ旬報ベスト・テン８位。123分。カラー。

2019年▼石井裕也監督

『町田くんの世界』

爽やかな笑いを呼ぶ主人公

出演＝細田佳央太、関水渚、前田敦子、池松壮亮ほか

石井裕也監督『町田くんの世界』は、ユーモラスで爽やかで、幅広い年代の観客に元気をくれる青春映画だ。遊び心にあふれた映像も楽しく、若さとエネルギーが生き生きと伝わってくる。

『町田くん』こと町田一（細田佳央太）は16歳の高校生。勉強も運動も苦手だが、困っている人を放っておけない性格で、「劇的にいい人」と校内で評判になるほどだ。

父親が海外勤務の家庭では、5人きょうだいの長男として、臨月の母親（松嶋菜々子）や妹、弟のために食事を作り、通学バスでは高齢者に必ず席を譲る。ある日、授業中にけがをした町田くんは保健室に行き、授業をサボっていた同級生の猪原さん（関水渚）と初めて言葉を交わす。アナウンサーの母親のスキャンダルがきっかけで心を閉ざしていた彼女は、養護教諭が不在だったため、自分のハンカチを使って手当てをしてくれる。だが「人が嫌いなの」という彼女の言葉に、町田くんはショックを受ける。

映画はこの後、2人が、ぎこちなく距離を縮めていくさまを、ほほえましく描いていく。

いずれもオーディションで選ばれ、映画初主演の細田、関水が好演。町田くんのほとんど前に進まない全力疾走など、体全体で青春を表現している。恋愛に対して老成した意見を吐く同級生、栄（前

※『町田くんの世界』
原作：安藤ゆき『町田くんの世界』（集英社マーガレットコミックス刊）　Blu-ray & DVD 発売中
発売元：VAP　

田敦子）、猪原さんに交際を申し込む西野（太賀、現・仲野太賀）をはじめ、高畑充希、岩田剛典ら、主演２人を支える若手俳優陣もいい。

物語の幅を広げるのが、町田くんと同じバスの乗客、吉高（池松壮亮）の存在だ。スキャンダルを追う週刊誌記者の仕事に疲れ「この世界は悪意に満ちている」「（人は）弱い者をいじめ、自分のことしか考えない」と感じている彼は、車内で目撃した町田くんの利他的な行動に感動する。

※

彼にとって、町田くんは奇跡のような存在だった。

さて、町田くんと猪原さんの淡い恋の運命はいかに？　フランス映画の名作『赤い風船』（１９５６年）を思い出させる映像とともに進む物語に、思わず拍手してしまった。町田くんが、悪意や無関心に満ちた世界に、善意で立ち向かうヒーローに見えた。

ここにも注目　町田くんはスーパーマン？

目の前に悲しんでいる人や困っている人がいれば、助けずにはいられない。町田くんのこの性格が、猪原さんを困惑させる。彼の優しさや好意が、自分だけに向けられたものではないように思えるからだ。

実は、町田くん自身も悩んでいた。恋をしたことがなかったからだ。

ここまで書くと、町田くんはスーパーマンによく似ていることに気付く。地球ではクラーク・ケントという名前で暮らしているスーパーマンは、愛するロイス・レインと一緒の大切な時でも、悲鳴を聞くと、助けるために飛び去って行くのだ。

▼120分。カラー。

2018年▼前田哲監督

『こんな夜更けにバナナかよ　愛しき実話』

好感持てる〝普通の映画〟

出演＝大泉洋、高畑充希、三浦春馬、原田美枝子ほか

前田哲監督『こんな夜更けにバナナかよ　愛しき実話』は、難病をテーマにしながら、過剰に深刻にせず、安易なお涙頂戴ものにもしなかったことに、好感が持てる。

撮影所で映画が量産されていた時代には、こうした〝普通に楽しめる日本映画〟がたくさんあったような気がする。フリーの助監督として、伊丹十三、崔洋一、周防正行らの監督作品を経験してきた前田の演出と、俳優たちの演技ががっちりかみ合った作品だ。

１９９４年、札幌。車いす生活を送る34歳の鹿野靖明（大泉洋）は、周囲の人々に軽口をたたいて、元気に暮らしている。鹿野は幼い頃、筋ジストロフィーを発病。24時間、誰かの助けがなければ生きていけない。医者からは20歳まで持たないと言われたが、病院を飛び出し、ボランティアたちの助けを借りて独り暮らしを続けている。

前向きで、おしゃべりな鹿野は「生きるってのは迷惑をかけ合うことなんだと若者に伝えたいから、わがままに振る舞う」と公言。深夜2時過ぎに「腹減った、バナナが食べたい」と、買い物に行かせるのも平気だ。

物語は、ボランティアメンバーの北大生、田中（三浦春馬）のガールフレンド美咲（高畑充希）が、

鹿野と深くかかわっていく経緯を中心に進む。初めは、鹿野のわがままに反発していた美咲は、周りに重荷を負わせないための表現と気づき、鹿野の優しさや魅力にひかれていく。

配役がぴたりとはまっていた。大泉は素顔そのままではないかと思えるほど自然に、かつ抑制をきかせて鹿野を演じきった。高畑の率直さ、三浦の真面目さも、映画をさわやかにした。

題名通り実話に基づいた作品だ。原作は、大宅壮一ノンフィクション賞などを受賞した渡辺一史著『こんな夜更けにバナナかよ　筋ジス・鹿野靖明とボランティアたち』。映画の最後に2002年、42歳で亡くなった鹿野本人の映像が流れる。

決して、特殊な状況を描いた映画ではない。老いが進み介護が必要になった時、人はどのように生きていけばいいのか。そんな普遍的な問いも投げ掛けている。

ここにも注目　脇役も充実

原田美枝子、佐藤浩市らビッグネームを含む脇役陣が、中心になる大泉洋、高畑充希、三浦春馬をしっかり支えているのも、この映画の長所だ。

特筆しておきたいのは萩原聖人だ。渡辺真起子、宇野祥平らと共にボランティア役を演じ、地味だがメンバーの中心になっている人物を魅力的に演じた。

このほか、主人公の両親役に竜雷太、綾戸智恵。看護師役に韓英恵。高畑が演じた美咲の友人役に、濱口竜介監督『偶然と想像』で注目された古川琴音が出演している。

▼120分。カラー
ブルーレイ、DVDが松竹から販売中。

2018年▼三宅唱監督

『きみの鳥はうたえる』

青春のひととき鮮やかに

出演＝柄本佑、石橋静河、染谷将太、萩原聖人ほか

三宅唱監督『きみの鳥はうたえる』は、青春のひとときを鮮やかに映像化した作品だ。

初めて観た時、はるか昔の思い出がよみがえり、胸がキュンとなった。若者の何げない日常を淡々と映しただけの作品に見えるが、登場人物の個性と感情の変化がとても細やかに描かれている。そのことによって、彼らの物語を自分のことのように感じたためだろう。

北海道函館市。書店で働く「僕」（柄本佑）は、元のアルバイト先で知り合った静雄（染谷将太）と、小さなアパートで一緒に暮らしている。

ひょんなきっかけで、「僕」は書店の同僚の佐知子（石橋静河）と付き合い始める。佐知子は毎晩のように彼らのアパートに来て、静雄を交えて3人で時を過ごす。コンビニで買い物をしたり、クラブに行ったり、ビリヤードをしたり、時には飲み明かすこともある。

佐知子は店長（萩原聖人）とも付き合っており、関係が行き詰まっている。静雄は失業中で、毎月、金を借りに来る母親（渡辺真起子）の問題を抱えている。「僕」は、正義感を振りかざす書店の男性社員（足立智充）にからまれ、暴力沙汰を起こしてしまう。

いくつかのエピソードを絡めながら、映画は、微妙なバランスの上に成り立っている「僕」と静雄

※『きみの鳥はうたえる』
発売元：日活、販売元：TC エンタテインメント　Blu-ray&DVD 発売中

※

と佐知子の関係が、次第に変質していくさまを描いていく。

原作は、佐藤泰志の同名の小説。監督・脚本の三宅は、原作のラストで起きる事件は取り上げず、佐知子に対する「僕」の揺れ動く思いと、彼女の反応で、映画を終わらせた。それが、作品に新しい命を与えている。

中心になる3人を演じた柄本、石橋、染谷がいずれも好演。特に佐知子役の石橋が輝いている。意地悪な見方をすれば、佐知子は、自分の魅力を承知で男たちを振り回す女と言えなくもない。だが、石橋のみずみずしさが、そうした懸念を吹き飛ばした。

撮影は四宮秀俊。踊り明かした3人が歩く明け方の函館が美しい。人けのない街に、路面電車が停車し、タクシーが数台走っている。ありふれた風景なのに、一瞬で心を奪う力がある。

ここにも注目　函館シネマアイリス

『きみの鳥はうたえる』の原作者、佐藤泰志（1949～90年）は、函館市出身。映画は、同市の市民映画館シネマアイリスの開館20周年を記念して、シネマアイリス代表、菅原和博が企画・製作・プロデュースした。

映画は、書店の所在地を原作の東京から函館に変え、オール函館ロケで撮影。夜景や夜明けの街路など、地元の風景が印象的だ。

菅原はこのほか『海炭市叙景』『そこのみにて光輝く』『オーバー・フェンス』『草の響き』と、佐藤の小説の映画化を実現。佐藤文学の再評価に大きな影響を与えた。

▼キネマ旬報ベスト・テン3位。106分。カラー。

2018年▼三上智恵・大矢英代監督

『沖縄スパイ戦史』

忘れたらまた地獄が来ます

撮影＝平田守。編集＝鈴尾啓太。音楽＝勝井祐二ほか

『沖縄スパイ戦史』（三上智恵・大矢英代監督）は、第2次世界大戦末期の沖縄で、陸軍中野学校出身の青年将校らが民間人を動員した秘密戦の内情を明るみに出したドキュメンタリーだ。

中心になるのは、10代半ばの少年たちで組織したゲリラ兵部隊「護郷隊」のエピソード。中盤に、波照間島の島民がただ一人の工作員の命令でマラリアがまん延する西表島へ強制移住させられ、約500人の犠牲者を出した悲劇がはさまれる。

いずれも衝撃的だが、とりわけ驚いたのは、独ソ戦を題材にしたアンドレイ・タルコフスキー監督『僕の村は戦場だった』（1962年）の主人公のような少年兵が、日本に存在していたことだ。丁寧な取材で生存者と信頼関係を築き、封印されていた歴史を発掘した仕事に拍手を送りたい。

護郷隊を率いたのは、スパイ養成機関として知られる中野学校を卒業した村上治夫中尉ら。大本営による遊撃部隊の編成命令を受け、44年9月沖縄に着任。本島北部を中心に少年らを召集した。「強い日本軍に憧れていた当時の沖縄の少年たちにとって、長髪に軍刀を差した若き隊長らの姿はまぶしく映った」。三上の語りに続き、生き残った隊員たちが当時の心境と体験を語り始める。

自殺用の手りゅう弾の信管を口にくわえたが失神して、命拾いしたこと。「生まれてこなかった方

※『沖縄スパイ戦史』
発売元：東風　販売元：紀伊國屋書店　価格：¥3,800+税

※

がよかった」と思ったこと。スパイの疑いをかけられた者や、けがや病気で足手まといになった者が、上官や仲間によって殺されたこと……。

70年以上前のつらい記憶を語る言葉に、米軍が撮影した沖縄の少年兵の無残な遺体写真が重なる。これが、民間人を含め約20万人が死亡した沖縄戦の悲惨な実態の一部なのだ。

「軍隊が自国民を殺し、やがて住民が住民を死に追いやっていく沖縄戦の末路、それは軍が住民を作戦に利用した果てに起きた」。三上は語る。

16歳で護郷隊に入隊し、戦後30年以上も心の傷に苦しんできた男性（撮影時89歳）はこう訴える。

「沖縄戦の歴史を忘れないでくださいね。忘れたら、また地獄が来ますよ」。沖縄県の南西諸島で急速にミサイル配備が進む今、その言葉が重く響いてくる。

ここにも注目　2人の監督

監督の三上智恵は東京都出身。毎日放送を経て琉球朝日放送に移籍。キャスターを務めながら、沖縄をテーマに多くのドキュメンタリー番組を制作した。代表作に『標的の村～国に訴えられた沖縄・高江の住民たち～』など。２０１４年にフリーになり、映画『戦場（いくさば）ぬ止（とぅどぅ）み』『標的の島 風（かじ）かたか』を監督した。

共同監督の大矢英代は千葉県出身。琉球朝日放送の報道記者を経て17年にフリーに。本作が初映画監督作品となった。

映画に関連する本として、三上著の『証言 沖縄スパイ戦史』（集英社新書）、大矢著の『沖縄「戦争マラリア」』（あけび書房）がある。

▼キネマ旬報文化映画ベスト・テン１位。114分。カラー。

2018年▼鄭義信監督

『焼肉ドラゴン』

凝縮された日韓近代史

出演＝真木よう子、井上真央、桜庭ななみ、大泉洋ほか

これは他者の物語ではなく、私たち自身の物語なのだ。高度成長期の日本で、繁栄から置き去りにされながら、懸命に生きる在日コリアンの家族を主人公にした鄭義信《チョン・ウィシン》監督『焼肉ドラゴン』を観ながら、そう思った。

映画の中に出てくる、働きづめの人生を送ってきた父親や、気丈な母親、昼間から酒を飲み「なまけもの」と罵倒される男たちが、実際に身近にいた人と重なる、という個人的な事情もある。だが、それ以上に、一家の3姉妹の恋愛や一人息子が中学校で受けるいじめなどを通して描かれる人々の感情が、リアルで普遍的なためだろう。日本と韓国の近代史を、庶民の視点で一家族のドラマに凝縮した作品だ。

1969年春、関西地方の、空港に近い国有地。バラックが立ち並ぶ在日コリアンの集落に、金龍吉（キム・サンホ）が営む小さな焼き肉店「焼肉ドラゴン」がある。

第2次大戦中、日本軍に徴兵されて左腕を失った龍吉は、妻の死後、済州島事件で故郷を追われ、夫とも死別した英順（イ・ジョンウン）と再婚した。一家には、龍吉の連れ子の静花（真木よう子）と梨花（井上真央）、英順の連れ子の美花（桜庭ななみ）、龍吉と英順の間に生まれた息子の時生（大

江晋平）の4人の子どもがいる。

一家の幼なじみで、梨花と結婚した哲男（大泉洋）は、静花への思いを断ち切れない。韓国から来た大樹（ハン・ドンギュ）が静花に結婚を申し込むと、争いが始まる。

『月はどっちに出ている』『愛を乞うひと』など映画の脚本でも知られる鄭が、日韓両国で上演され反響を呼んだ自身の戯曲を映画化、初監督した。笑いとペーソスに包んだ人間劇の中に、北朝鮮への帰国事業や、70年大阪万博などの時代背景を巧みに織り込んでいる。

舞台と同じく、日韓俳優のコンビネーションが見事。龍吉役のサンホの表情とたたずまいに味があった。「ここで生きていくしかない。逃げても何の解決にもならない」と家族に説く龍吉が、国有地からの立ち退きを迫られ「わしの腕を返せ」と叫ぶ場面に、戦争や国家に運命を翻弄された人々の怒りと悲しみが集約されている。

ここにも注目　万博が象徴したもの

映画の冒頭、大阪万博に備えて空港の滑走路を増やす工事に、閉山になった炭鉱から人が流れてきている、というせりふがある。

それで思い出したのは、山田洋次監督『家族』（1970年）だ。九州の炭鉱で働いていた男性が不況のために、一家で北海道に移住。列車の乗り換え時間に、万博会場を訪れる場面があった。

『焼肉ドラゴン』では、静花と万博に行った哲男が土産に買ってくる「太陽の塔」の模型が、効果的に使われている。2作品とも、万博が象徴する経済成長に取り残された人々が主人公だった。

▼126分。カラー。
ブルーレイがＫＡＤＯＫＡＷＡから販売中。

2017年▼石井裕也監督

『映画　夜空はいつでも最高密度の青色だ』

もがいてもいい、頑張れ！

出演＝池松壮亮、石橋静河、松田龍平、田中哲司ほか

石井裕也監督『映画　夜空はいつでも最高密度の青色だ』は、若者だけでなく、全ての世代にお薦めしたい恋愛映画の傑作だ。

自分自身と折り合えず、いつもいら立っていた若い日。「朝まで待てない」くらい、誰かを思って苦しかった夜。観終わった後、長い間忘れていた記憶や感覚が鮮やかによみがえってきた。

オリンピックを数年後に控えた東京。美香（石橋静河）は病院で看護師として働きながら、夜はガールズバーでアルバイトをしている。

慎二（池松壮亮）は、建設現場で日雇いの仕事をしている。いつもおしゃべりを怒られるが気が合う智之（松田龍平）、腰を痛めている中年の岩下（田中哲司）、フィリピンから出稼ぎに来ているアンドレス（ポール・マグサリン）。仕事仲間の3人とは、飲みにいくのも一緒だ。

何の接点もなかった美香と慎二だが、居酒屋、ガールズバー、そして渋谷の雑踏でと、偶然の出会いが続く。母親の死を引きずっている美香。左目がほとんど見えないのを隠している慎二。2人は惹かれ合いながら、うまく気持ちを通わせることができない……。

最果《さいはて》タヒの詩集『夜空はいつでも最高密度の青色だ』が原作。もっとも、詩集の中に具体的な人物

※『映画 夜空はいつでも最高密度の青色だ』
Blu-ray 特別版：￥6,820（税込）　DVD 特別版：￥5,720（税込）　DVD：￥4,180（税込）
発売・販売元：ポニーキャニオン　

※

やエピソードが出てくるわけではない。監督、脚本の石井が、詩集に触発されて、美香や慎二らと、彼らの物語を生み出したのだ。

「都会を好きになった瞬間、自殺したようなものだよ」。こうした詩の一節が、美香のモノローグで流れるが、意味にこだわる必要はないと思う。詩集に流れる気分と響き合い、もがきながら生きる孤独な若者たちの今を描いたことが、この映画の素晴らしさだ。

2人の閉じた世界ではなく、社会の中で、使い捨てられたり、無視されたりする側の人々を、きちんと見つめていることも指摘しておきたい。

映画初主演の石橋が、池松、松田ら実績がある俳優たちと堂々と渡り合っている。慎二の高校時代の同級生、玲を演じた佐藤玲もよかった。みんな、もがいてもいい、頑張れ！　と言いたくなる。

ここにも注目　印象的な劇中歌

映画の中に何度も登場し「いつもの作り笑顔　みんな同じでしょ　ここは東京　でも頑張れ」と、歌う女性の路上ミュージシャンがいる。

慎二とのデートで、新宿で歌う彼女を見た美香は「売れないね、誰も聞いてないもの」と評する。その彼女がある日……。

2人の心理に大きな影響を与える歌手を演じたのは、横浜聡子監督『ジャーマン＋雨』で主演した個性派俳優、野嵜好美。歌は、石井裕也監督が自ら作詞した「Ｔｏｋｙｏ　Ｓｋｙ」という曲だ。石井作品に一貫するユーモアや明るさを、この劇中歌のエピソードが担っている。

▼キネマ旬報ベスト・テン1位。ブルーレイ、108分。カラー。

2017年▼石川慶監督

『愚行録』
無自覚に人を傷つける怖さ

出演＝妻夫木聡、満島ひかり、臼田あさ美、松本若菜ほか

できるだけ予備知識を持たずに、映画を観るようにしている。だから『愚行録』を観た後で、これが石川慶監督の長編デビュー作と知って、驚いた。それほど完成度が高く、力がある作品だ。

週刊誌の記者、田中武志（妻夫木聡）は、妹の光子（満島ひかり）が、2歳の女児を育児放棄した疑いで逮捕され、ショックを受けている。

編集長は、田中の状況に同情して、彼の企画にゴーサインを出す。それは、大手不動産開発会社に勤めていた田向浩樹（小出恵介）、妻の友季恵（松本若菜）、幼い一人娘の一家3人が、1年前に自宅で惨殺された未解決事件の特集だった。

田中は、浩樹のかつての同僚（真島秀和）や友季恵の大学時代の同級生（臼田あさ美）に取材を始める。そして、彼らの話から「エリートサラリーマンと美しく完璧な妻」と伝えられてきた夫婦の別な顔が見えてくる。

取材相手の話に沿って、既に死亡している浩樹や友季恵の「過去のドラマ」が再現され、並行して田中や光子らの「現在のドラマ」が進んでいく。重層的な構造だが、混乱することがないのは、一つ一つのエピソードをしっかりと撮り、登場人物の個性を浮かび上がらせているからだろう。

※『愚行録』
販売元：バンダイナムコフィルムワークス　Blu-ray・DVD 発売中

物語の重要な要素になるのが、友季恵が通った有名私立大の内部生と外部生の間の壁。付属校出身の内部生グループに迎え入れられた外部生が「昇格した人」と呼ばれるゆがんだ現実が、学生たちを支配し、追い詰めていく。そして、閉鎖的な人間関係の中で、他人を利用したり、気持ちをもてあそんだり、心を傷つけたりする「愚行」が生まれていく。

※

恐ろしいのは、こうした愚行は誰でも犯す可能性があることだ。当事者は、そのことに無自覚で、悪意すらもない。他者の痛みに鈍感なのだ。

原作は貫井徳郎のミステリー小説。インパクトのある映像と音響。満島、松本、臼田ら女性陣をはじめ、脇役を含めた見応えある演技もあって、一気に見せる映画だが、正直なところ後味は悪い。自分の中にもある人間の愚かなところを、嫌というほど突きつけられるからだろう。

ここにも注目　ポーランドで演出を学ぶ

石川慶は1977年生まれ。愛知県豊橋市出身。東北大物理学科卒業後、ポーランド国立映画大で演出を学んだ。短編映画の監督を経て、『愚行録』で長編映画監督としてデビュー、新藤兼人賞銀賞など各賞を受賞した。

2019年の『蜜蜂と遠雷』はキネマ旬報ベスト・テン5位、毎日映画コンクール日本映画大賞受賞など高く評価された。21年に『Ａｒｃ　アーク』を監督。平野啓一郎の小説を原作にした新作『ある男』が22年11月公開など、意欲的な活動を続けている。『ある男』では『愚行録』に続き、妻夫木聡が主演している。

▼120分。カラー。

2017年▼阪本順治監督

『エルネスト』

ゲバラとともに戦った日系人

出演＝オダギリジョー、永山絢斗、ホワン・ミゲル・バレロ・アコスタほか

阪本順治監督『エルネスト』はキューバ革命の英雄エルネスト・チェ・ゲバラの下で戦い、25歳で死去した実在の日系ボリビア人の伝記映画だ。

半径数メートルの日常を描く日本映画が多い中で、半世紀以上も前の革命戦士の物語に挑んだのが、阪本の志だろう。主演のオダギリジョーがその思いに応えて、全てスペイン語のせりふで、実年齢より15歳以上も若い青年の役を熱く演じている。

1962年4月、革命から3年後のキューバ。25人のボリビアの若者が、ハバナ大で医学を学ぶため留学してきた。20歳の日系2世、フレディ前村（オダギリ）もその1人。医師になり貧しい人々を救うのが夢だった。

10月に入り、フレディが授業を受け始めた途端に「キューバ危機」が起きる。ソ連がキューバに核ミサイルを搬入したことから、米国が海上封鎖、核戦争一歩手前の状況になった。フレディも軍事訓練に参加するが、危機は2週間足らずで収束。復学して勉学に励む。

だが64年にボリビアで軍のクーデターが勃発。フレディは、ゲバラ（ホワン・ミゲル・バレロ・アコスタ）が率いるゲリラ部隊に加わり、母国の軍事政権と戦う道を選ぶ。戦士としての名前は、ゲバ

※『エルネスト～もう一人のゲバラ』
発売元：株式会社キノフィルムズ／木下グループ、販売元：TCエンタテインメント
Blu-ray&DVD発売中

※

ラから授けられたエルネスト・メディコ（ゲバラの本名と医師を意味する言葉から）だった。

フレディのことを知った阪本が親族の著書などで研究。数年がかりで脚本を書き、日本・キューバ合作で映画化した。59年に来日したゲバラが広島で原爆ドームなどを訪れた、あまり知られていない史実を導入部に置いたことが、「なぜ、この映画を撮るのか」という問いに対する阪本の答えだったのだろう。

正義感が強く誠実なフレディを、オダギリが爽やかに表現している。ハバナでの学生生活や淡い恋の部分には、明治や大正時代の青春を描いた日本映画のような懐かしさがあった。「僕の人生は小さな石ころさ」。孤独なフレディがつぶやく言葉が胸に残る。革命や戦士という言葉を美化するつもりはないが、彼はこう生きるしかなかったと思わせる力を、この映画は持っている。国境を超えた普遍的な青春映画だ。

ここにも注目　父は鹿児島出身

フレディ前村は1941年、ボリビア北部で生まれた。父親は鹿児島県頴娃町（現・南九州市）出身の日本人移民で、母親はボリビア人女性だ。

10代から共産党青年部に所属し投獄された経験があり、母国では医学部入学の道が閉ざされていたことは、映画の中でも触れられている。

死去したのは67年8月31日。ボリビア政府軍兵士による銃殺だった。遺骨は99年にキューバに返還され、サンタクララにあるチェ・ゲバラ霊廟に葬られている。映画の大詰めで、かつての学友たちがフレディに花を供え「君を忘れない」と呼びかける場面がある。

▼124分。カラー。

2017年▼黒沢清監督

『散歩する侵略者』

ウイットに富んだSF映画

出演＝長澤まさみ、松田龍平、長谷川博己、高杉真宙ほか

黒沢清監督『散歩する侵略者』は、宇宙人の地球侵略というSF映画の定番テーマを、ウイットに富んだ新鮮な切り口で映像化した作品だ。

侵略に先駆けて、宇宙人の先発隊員が地球に到着。人間の体内に侵入し地球人を理解しようとする。彼らはそのために、出会った人々から概念——例えば「家族」「所有」「仕事」など——を奪う。

劇作家、前川知大が率いる劇団イキウメの人気舞台の映画化。「概念を奪う」と文字を見ても全くイメージできなかったが、映画の中の宇宙人の言葉や奪われた人間の反応でなんとなく分かった。これが映像の力だろう。

加瀬鳴海（長澤まさみ）は、数日間行方不明だった夫の真治（松田龍平）が、別人のようになって戻ってきたのに当惑する。急に穏やかになった真治は、1人で散歩に出ては行き倒れになる。

米軍と自衛隊の基地があるその町では、一家惨殺事件など奇妙な出来事が続いている。週刊誌の記者、桜井（長谷川博己）は殺人事件の現場で会った若者、天野（高杉真宙）から「ガイドになってほしい」と頼まれる。若者は桜井に、自分は地球の侵略を目的にする宇宙人で、天野の体を乗っ取っている、と告白。先発隊は3人で、ほかの2人は、殺人事件の鍵を握る女子高生、立花あきら（恒松祐

※『散歩する侵略者』
Blu-ray: ￥5,280（税込） DVD: ￥4,180（税込） 発売・販売元：ポニーキャニオン

里）と、所在不明のもう1人の体に侵入していると言う。

猟奇的なホラー映画を思わせるような場面から始まるが、いたずらに恐怖をかき立てる作品ではない。むしろ、宇宙人の手間をかけた侵略方法や、事態を知った地球人の困惑ぶりなど、笑いを誘う場面が多い。

宇宙人侵入がきっかけで、冷え切っていた関係が徐々に修復していく夫婦を、松田と長澤が好演。暴走する※女子高生を演じた恒松、宇宙人らしい雰囲気を漂わせた高杉の若手俳優2人も魅力的だった。さらに、地球人の戸惑いと笑いとアクションを一手に引き受けた長谷川のうまさも光った。

終盤に急展開、「愛」の概念が大きく浮上する。感動的だが、あれこれ分析するのはやめておこう。大事なのは、大がかりな特撮に頼らずとも、こんなに上質なSFが作れるということだ。

ここにも注目　スピンオフ作品も

映画公開（2017年9月）とほぼ同時期に、スピンオフドラマ『予兆　散歩する侵略者』がWOWOWで放送され、さらに全5話を140分に再編集した劇場版が同年11月に公開された。

監督はいずれの作品も黒沢清で、宇宙人が人間の概念を奪うという基本線は変わらない。だが、『予兆』では、『リング』などの脚本家、高橋洋が脚本に加わった効果もあり、よりホラー色が強い作品になっている。こちらも夏帆、染谷将太をはじめ多彩な俳優陣。『散歩する侵略者』にも出演していた東出昌大が、全く別の怖い役柄を演じているのが見どころだ。

▼キネマ旬報ベスト・テン5位。129分。カラー。

2016年▼岩井俊二監督

『リップヴァンウィンクルの花嫁』

ネット社会の危うさも描く

出演＝黒木華、綾野剛、Cocco、りりィほか

岩井俊二監督『リップヴァンウィンクルの花嫁』は、若い女性が、ある男と出会ったことから、思いもよらぬ出来事に巻き込まれていく物語だ。映画の中で説明はないが、米国の作家ワシントン・アービングの小説『リップ・ヴァン・ウィンクル』を意識した作品であるのは言うまでもない。きこりの男が山中で見知らぬ男たちに酒を振る舞われ、寝込んでしまう。目が覚めて山を下りると、20年もの歳月がたっていた――。19世紀初めに発表された小説とは違い、映画の主人公はインターネットを通じて未知の人々と出会い、奇妙な世界に引き込まれていく。

東京で高校の非常勤講師をしている皆川七海（黒木華）は、お見合いサイトで知り合った男と「ネットで買い物をするみたいに」あっさりと結婚することになる。

結婚式に呼ぶ親族が少ないという問題が起きると、彼に内緒で、SNSで知り合った安室行舛と名乗る「なんでも屋」の男（綾野剛）に解決してもらい、新婚生活がスタートするのだが……。

半径何十メートルの世界で日常を描く青春映画かと思いきや、途中から七海の怒濤のような転落劇が始まっていく。職も家庭も失い、着の身着のまま、街をさまようことになった七海の前に、再び安室が現れ、救いの手を差し伸べる。やがて安室は、豪華な洋館の住み込みメイドの仕事を紹介する。

※『リップヴァンウィンクルの花嫁』
プレミアムボックス Blu-ray：￥14,300（税込）　Blu-ray：￥5,170（税込）　DVD：￥4,180（税込）
発売・販売元：ポニーキャニオン　

岩井俊二監督作品
リップヴァンウィンクルの花嫁
黒木華
綾野剛　Cocco
原日出子　地曳豪　和田聰宏　毬谷友子　佐生有語　夏目ナナ　金田明夫　りりィ

そこには、七海が以前出会ったことがある俳優の里中真白（Ｃｏｃｃｏ）も、住み込んでいた。

やや長すぎる嫌いはあるが、一つ一つのエピソードが丁寧に撮られていて、２０１０年代の東京の空気感がよく伝わってくる。七海をはじめ、ネットを通してつながった人々が、匿名性に安心して警戒心を失ってしまうことの危うさも描かれている。

黒木が魅力的だ。人の顔色をうかがい、安室の言葉を信じてとんでもない事態に追い込まれていく七海を、明るく透明感を失わずに演じきった。

綾野の軽さもぴったりだったが、圧巻は真白の母親役、りりィ。体当たりの演技で熱く濃密な感情をぶつけ、七海を現実に引き戻すような強烈な印象を残した。

※

ここにも注目　ハンドルネーム

七海が洋館で一緒に住むことになる真白が、インターネット上で名乗っているニックネーム（ハンドルネーム）が、リップヴァンウィンクルだ。

七海は、安室が手配した偽家族の仕事で、真白と出会い、２人で飲みに行って、スマホで連絡先を交換した。七海のハンドルネームは、以前はクラムボンだったが、夫に気付かれそうになり、カムパネルラに変えた。

クラムボンは宮沢賢治の童話『やまなし』に出てくる謎の言葉、カムパネルラは同じく賢治の『銀河鉄道の夜』の登場人物の名前だ。

▼キネマ旬報ベスト・テン６位。180 分。カラー。

2016年▼山下敦弘監督

『オーバー・フェンス』

優しくて壊れてしまう

出演＝オダギリジョー、蒼井優、松田翔太、北村有起哉ほか

人生につまずき、再出発しようとする男を主人公にした山下敦弘監督『オーバー・フェンス』は優しい映画だ。

普通に生きて平穏な日々を過ごす。それが、実はどんなに難しいことなのか。山下は登場人物たちに寄り添うことで「その瞬間を生きている人間たち」の真実を、ユーモアを交えて温かく描き出した。

白岩（オダギリジョー）は、幼い娘がいる家庭を大切にせず、妻に見限られてしまった。離婚し、勤めていた東京の建設会社をやめて、故郷の函館に戻ってきた。アパートで1人暮らしし、失業保険を受給しながら職業訓練校に通っている。

訓練校の建築科で大工になるための勉強をしている白岩は、ある日、同じ科の代島（松田翔太）に誘われキャバクラに行き、聡《さとし》という名前の若いホステス（蒼井優）に出会う。

動物や鳥もいる遊園地でアルバイトをしている聡は、白鳥の求愛など鳥の動きをまねる風変わりなところがあり、なぜか白岩に接近してくる。

映画はその後、白岩が訓練校の仲間たちと過ごす時間や、白岩と聡がお互いを求め合うようになる経緯などを描く。

※『オーバー・フェンス』
発売・販売元：TC エンタテインメント　Blu-ray&DVD 発売中

蒼井がはじけている。自分でも「ぶっ壊れている」と言うように、感情をコントロールできずに暴発してしまうことがある聡を、肉体と表情で生き生きと表現している。

オダギリも適役。「俺は最低な人間だよ」「自分はぶっ壊す方だ」と自らを責めながら、ぎりぎりで持ちこたえている白岩が、時折、本音をさらして、怒ったり泣いたりしてしまう。そんな弱さを持つ男を無理なく演じている。

※

松田をはじめ北村有起哉、満島真之介、松沢匠、鈴木常吉ら訓練所の仲間を演じた脇役陣もいい味を出している。皆で飲みに行き、帰り道で若い女性をナンパしようとバカな会話をするところなど、自然な笑いを誘う。

弱さがあることは、決して恥ずかしいわけではない。他人を踏みつぶしても平然としていられる強い人間より、自分がぶっ壊れる人間の方がいい。映画からそんな思いも伝わってくる。

ここにも注目　原作は佐藤泰志の小説

原作は、北海道函館市出身の作家、佐藤泰志（１９４９－９０年）が85年に発表、芥川賞候補になった同名の短編小説。

30代初めに作家活動に行き詰まって故郷に戻り、職業訓練校に通った体験が基になっている。

佐藤の作品は死後、再評価が進み、次々に映画化されてきた。映画のタイトルを製作順に挙げれば『海炭市叙景』『そこのみにて光輝く』『オーバー・フェンス』『きみの鳥はうたえる』『草の響き』となる。『オーバー・フェンス』は、５本の映画の中で最も明るい作品だった。

▼キネマ旬報ベスト・テン９位。112分。カラー。

2016年▼瀬々敬久監督

『64 ロクヨン 前編／後編』小説を映画にする難しさ

出演＝佐藤浩市、永瀬正敏、吉岡秀隆、緒形直人ほか

瀬々敬久監督『64 ロクヨン 前編／後編』は、複雑な人間関係や心理を描いた長編小説を、時間的な制限がある映画にすることの難しさを教えてくれる。

スピーディーな展開、迫力ある映像など、レベルの高い作品であるのは間違いない。にもかかわらず、公開時に観た時は、横山秀夫の原作小説『64（ロクヨン）』に比べ、主人公の葛藤が描き切れていないという物足りなさを感じてしまった。

だが、それは原作にこだわり過ぎた見方だったかもしれない。再見し、困難な映画化に挑んだことをもっと評価すべきだという思いを強くした。

昭和天皇の死去により、7日間で終わった昭和64年。関東のある県で少女誘拐殺人事件が起きる。「ロクヨン」とは、未解決となったその事件を、県警の捜査員たちがひそかに呼ぶ符丁だ。

事件から約14年後、発生当時は刑事として捜査に加わっていた三上（佐藤浩市）は、今は県警本部の広報官を務めている。

娘の家出や、交通事故の発表を巡る記者クラブの抗議など、公私に悩みを抱える三上に、新たな難題が降りかかる。時効が1年後に迫ったロクヨンの視察のため、警察庁長官の来県が決定。長官の被

※『64- ロクヨン』
発売元：TBS、販売元：TC エンタテインメント　前後編、Blu-ray&DVD 発売中

害者宅訪問を段取りせよという命令だ。

殺された少女の父親、雨宮（永瀬正敏）を久々に訪ねた三上は、老け込んだ姿に驚く。雨宮に協力を断られた三上は、その理由を探るうち、隠蔽されていたロクヨンの真相に近づいていく――。

※

謎解き、そして14年後に突然起きるロクヨンそっくりの事件。それだけでも十分面白いのに、映画は、原作のテーマである組織と個人のあつれきや、警察とマスコミの関係、家庭内の問題なども残さず触れようとする。

その無理のせいか、記者やエリート警察官を極端なまでに敵役として描くことになったのが、やや惜しまれる。また、大詰めで三上に、原作にはない行動を取らせたのは、観客をカタルシスへいざなうためだろうが、評価は分かれるところだ。

いずれにせよ、佐藤をはじめ、永瀬、緒形直人、吉岡秀隆らの熱のこもった演技は見応え十分。時間がたっても楽しめる作品だ。

ここにも注目　前後編2部作の利点とは

『64　ロクヨン　前編』は2016年5月、『後編』は6月に公開された。こうした上映方式は当時流行。14年から15年にかけて『寄生獣』『ソロモンの偽証』『進撃の巨人』などが、前後編2部作で公開されていた。

長大な小説や漫画が原作の場合に、2時間前後におさめるのが難しいことや、製作費や宣伝費などのコストが割安になるという利点がブームを後押ししたようだ。

途中でインターミッションが入る超大作に親しんできたオールドファンとしては、映画は1回で観たいというのが本音なのだが……。

▼前編121分、後編119分。カラー。

2016年▼大森立嗣監督

『セトウツミ』

笑いと哀愁を醸し出す

出演＝池松壮亮、菅田将暉、中条あやみ、宇野祥平ほか

男子高校生2人が、放課後に川沿いの階段に座って、たわいない話をする——。大森立嗣監督『セトウツミ』は、ただそれだけの映画だ。予告編のキャッチフレーズ通り、ケンカも部活も壁ドンもなく、しゃべるだけの映画なのだが、なぜかじわりと面白い。関西弁の会話が絶妙の間で、クスッと笑っているうちに、そこはかとない哀愁が漂ってくる。小さな作品だからこそ作り手の力量が問われる。その好例と言えよう。

内海想（池松壮亮）は大阪の高校2年生。授業が終わると、学校のそばの川辺で、塾に行くまでの時間をつぶしている。ある日、定位置で読書している内海の所に、同じ高校の瀬戸小吉（菅田将暉）がやってきて、いきなり、部屋に大量のコバエが発生して眠れないと悩みをぶちまける。猫に悪いから殺虫剤は使いたくないと言う瀬戸に、内海は食虫植物を薦める。サッカー部をやめて、やることがない瀬戸は、それ以来毎日、内海と並んで暇つぶしをするようになる。

八つの短い話から成る映画は、2人が親しくなった後のエピソードから始まり、出会った経緯は、中盤で明かされる。だが、こうして事前に紹介しても興ざめにはならないと思う。表面的なストーリーではないところに、映画のツボがあるからだ。

※『セトウツミ』
DVD & Blu-ray 発売中　価格　DVD 4,290 円（税込）　販売元：ハピネット・メディアマーケティング　

※

クールでひねた内海と、お調子者だが優しい瀬戸。池松と菅田が、それぞれの個性にぴったり合った役柄で、実力を発揮している。瀬戸が「小悪魔的で、お寺の娘らしいわびさび感がある」と憧れるクラスメート「樫村さん」を演じた中条あやみも魅力的だった。

原作は、此元和津也の漫画。映画は、漫画のエピソードを抜粋し、そのまま映像化しただけのように見えるが、それほど簡単なことではない。演技はもちろん、細部に至るこだわりが、75分の上映時間を貫いている。

特筆しておきたいのは、全編に流れるタンゴ。アコーディオンなどを使って演奏されるタンゴの、胸をかきむしるような大げさな響きが、映画にユーモアを与えている。

帰宅部だって青春はある。くだらない話をできる友だちがいるのは、幸福だ。

ここにも注目　微妙なおかしさ

映画の撮影にあたって、大森監督は主演の2人に「漫才にしないでガチで芝居をしてほしい」と要望したという。客を笑わせるためのネタではなく、その場で生まれた自然な会話にする、という意味だろう。そのライブ感と、発せられる言葉の微妙なおかしさが、映画の魅力になっている。

例えば、瀬戸が、憧れの樫村さんのメールアドレスをゲットした場面。最初のメールに何を書くべきか煩悶する瀬戸に、内海は言う。「うーん、基本的には樫村さんの自己肯定感を高めてやることかな」。高2とは思えないひねたアドバイスがおかしい。

▼75分。カラー。

2016年▼森義隆監督

『聖の青春』

将棋に命燃やし駆け抜けた

出演＝松山ケンイチ、東出昌大、リリー・フランキー、染谷将太ほか

森義隆監督『聖《さとし》の青春』は、羽生善治の全タイトル制覇が大きな話題となった１９９０年代の将棋界で、羽生の好敵手として活躍しながら、29歳の若さで死去した天才棋士、村山聖の物語だ。

原作は大崎善生の同名のノンフィクション。幼い頃から重い腎臓病を抱えた村山が、将棋と出会い、名人になるという夢に向かって突き進む。病と闘い続けた村山の生涯を、彼を支えた両親と師匠の愛情、棋士仲間との交流とともに描いた作品は、将棋ファンに限らず多くの人の心をつかむ。

１９９４年春、桜が満開の大阪。自室を出た所で倒れ込んでしまった村山（松山ケンイチ）は、助けを借りて関西将棋会館にたどり着く。髪はボサボサで、爪は長く伸ばしているのは「生きているものを切るのはかわいそう」と思うからだ。

村山は69年、広島県生まれ。５歳で発症したネフローゼ症候群で入退院を繰り返し、病室のベッドで始めた将棋に驚くべき才能を発揮していく。中学生の時、当時五段で大阪在住の森信雄（リリー・フランキー）に弟子入り、濃密な師弟関係の中で棋士生活を送っていたが、95年に関東へ移籍する。

東京では一緒に酒を飲む棋士仲間（安田顕、柄本時生）ができ、若者らしい時を過ごす。順位戦も昇級し名人位が射程に入ってくるが、試練が訪れる。進行性の膀胱がんが見つかったのだ。

1歳年下の羽生（東出昌大）とは生涯の対戦成績が6勝8敗だった。村山に似せるため体重を20キロ増やした松山と、外見から細かいしぐさまで「羽生そのもの」と関係者を驚かせたという東出の競演は見応えがある。

「僕にはね、二つ夢があるんです。一つはね、名人になって将棋をやめて、のんびり暮らすこと。もう一つは、すてきな恋愛をして結婚することです」。原作の中で、村山が親しい棋士に対して話す言葉を、映画では羽生に向かって語らせたのは、効果的だった。

村山が死去したのは98年8月8日。冒頭の桜のシーンから、わずか4年数カ月後だった。師匠の森が村山に共感を込めてしばしば口にする「さえんなあ」という言葉をつぶやきたくなる。早すぎる死だった。

ここにも注目　原石のような純情な輝き

原作者の大崎善生（2024年8月、66歳で死去）は1982年に日本将棋連盟に就職し、91年からは専門誌『将棋世界』の編集長になるなど、十数年にわたって将棋雑誌の編集に当たってきた。作家デビューとなった『聖の青春』には、そうした「将棋界のもっとも近くで生活してきた」体験が生かされている。

映画の中で筒井道隆が演じている「橋口」は大崎がモデル。橋口が、上京した村山のアパート探しを手伝うエピソードは、ほぼ原作通りだ。実際に交流してきた村山について、大崎は「いつも宝石の原石のような純情な輝きを放っていた」と記している。

▼124分。カラー。
ブルーレイがKADOKAWAから販売中。

2015年▼橋口亮輔監督

『恋人たち』青空は今日も広がっている

出演＝篠原篤、成嶋瞳子、池田良、安藤玉恵ほか

橋口亮輔監督『恋人たち』は、厳しい現実に押しつぶされそうになって生きている人々を、共感を込めて描いた映画だ。

人間のもろさを直視したつらい部分もあるが、「人生を否定したくない」という公開時の橋口の言葉通り、明日へつながる作品になっている。

アツシ（篠原篤）は3年前、通り魔に妻を殺された。「犯人を殺したい」という怒りを抑え、亡き妻との幸福な日々を思い出しながら、アパートで孤独に暮らしている。勤め先は、高速道路の橋梁点検会社。耳の良さを生かし、コンクリートをたたいた反響音で破損箇所を見つける仕事だ。

瞳子（成嶋瞳子）は弁当店のパートで働く主婦。夫と義母（木野花）と3人で暮らしているが、生活には張りがない。気晴らしは、皇族の追っかけをしていた頃の自分が映ったビデオを見ることだ。そんな彼女に心がときめく出会いが訪れる。

四ノ宮（池田良）は、エリート弁護士。同性愛者で、親友への思いを胸に秘めながら、若いパートナーと高級マンションで暮らしている。他者への思いやりに欠ける彼は、ある日、階段で、何者かに背中を突き飛ばされ、足を骨折してしまう。

映画は、彼らに起きる出来事を、周辺の人々の姿を織り込みながら描いていく。アッシが妻の事件について相談する弁護士は四ノ宮だが、それ以外は、3人を無理にからませていないのがいい。3人はそれぞれの場所で困難に直面し、三つの物語を通して、東京五輪の招致が決まった頃の日本社会の不寛容な空気や閉塞感が伝わってくる。

橋口のオリジナル脚本。主役の3人はワークショップ参加がきっかけで抜てきされた。新人で見慣れた顔でないことが、彼らが演じた人物を生々しく感じさせ、光石研、安藤玉恵、黒田大輔、リリー・フランキーらの個性的な演技が、映画にユーモアと深みを与えた。

心に残るせりふやシーンが多いが、一つ挙げるなら、3人の中で最も絶望的な状況に置かれていたアツシが、高速道路とビルの合間の小さな青空を見上げる場面だ。言葉はなくても、アツシがそれでも生きよう、と心を決めたことが伝わってくる。

ここにも注目　自身の悲しみも投影

劇場映画デビュー作『二十才の微熱』以降、『ハッシュ!』などで同性愛を重要なテーマとして取り上げてきた橋口は、『ぐるりのこと。』では、苦難を乗り越え寄り添う夫婦の姿を描いた。

『恋人たち』は、それ以来7年ぶりの作品。パンフレット収録のインタビューで橋口は「『ぐるりのこと。』の後、いろいろなことがあって、それまで信じていたものをすべて失いました」と、話している。そのつらい体験をそのまま映画にするのではなく、普遍的な物語として描くことで、多くの人々の共感を得る作品にした。

▼キネマ旬報ベスト・テン1位。DVD、140分。カラー。ブルーレイが松竹から販売中。

『岸辺の旅』

死者は私たちのそばにいる

出演＝深津絵里、浅野忠信、小松政夫、蒼井優ほか

年を取って、近しい人たちの死を見送る機会が増えたせいだろうか。死は、若い頃にイメージしていたような生と対立するものではなく、生と地続きの所にある、と感じるようになってきた。湯本香樹実の小説を基に、妻と死んだ夫との旅を描く黒沢清監督『岸辺の旅』は、まさにそのような生と死が混在した世界を映像化している。突き抜けた明るさとユーモアがある優しい作品だ。

藪内瑞希（深津絵里）の夫、優介（浅野忠信）は3年前、突然姿を消してしまった。子どもにピアノを教えている瑞希が、ある日自宅で優介の好物だった白玉団子を作ると、突然彼が現れる。足もあり外見は3年前と全く変わらない夫は「俺は海で死んだよ」と話す。そして「一緒に旅に来ないか」と、妻を誘う。2人は、優介が過去に世話になった人々を訪ねる旅を始める。

ごく自然に観客を物語に引き込むうまさに感心する。優介が白玉をおいしそうに食べながら「体はとっくにカニに食われて無くなっている」としゃべる場面は、おかしくて噴き出してしまった。

旅に出た2人は、新聞販売店を経営する島影さん（小松政夫）や、中華料理店を営む神内夫婦（千葉哲也、村岡希美）を訪ねていく。島影さんは実は死んでいるのだが、そのことに気づかず、新聞を配達し続けている。

※『岸辺の旅』
Blu-ray: ¥6,270（税込） DVD: ¥5,170（税込） 発売元：ポニーキャニオン／アミューズ
販売元：ポニーキャニオン ©2015『岸辺の旅』製作委員会／COMME DES CINEMAS

※

　2020年に死去した小松が、いい味を出しており、『雨月物語』や『アッシャー家の崩壊』を想起させるような映像もインパクトがある。

　見せ場は、夫婦がけんかして優介が消えてしまった後、優介の愛人、松崎朋子（蒼井優）を瑞希が1人で訪ねるところだ。瑞希と朋子が笑顔のまま、言葉で〝殴り合う〟迫力はすごい。短いが、2人の意地がぶつかる名場面だ。

　瑞希はその後、白玉を作って、消えた優介を再び呼び戻し、2人は旅を続ける。最後のエピソードは、登場人物も多く、人間の業について考えさせる重い問いを含んでいる。ところで、死者は何のために、生者に会いに来たのだろうか。瑞希と優介はずっと一緒にいることができるのだろうか？　答えはあなたが見つけてほしい。

ここにも注目　深津絵里のしなやかな強さ

　映画が成功した一因は、ヒロイン瑞希役の深津絵里の好演だった。

　瑞希は一見、内気で線が細そうだが、行方不明だった夫が3年ぶりに現れ、驚くべき告白をしても、さほど動揺しない。さらに、その後も夫に同行、超現実的な出来事を平然と受け入れていく。

　こうしたしなやかな強さを持つ女性を演じさせると、深津は天下一品だ。殺人を犯してしまった青年をかばう『悪人』のヒロイン、一度決めたことは曲げないNHK朝ドラ『カムカムエヴリバディ』の「るい」などと並び、深津の個性を生かした作品と言えよう。

▼キネマ旬報ベスト・テン5位。128分。カラー。

『さよなら歌舞伎町』

街の底の人間模様、温かく

出演＝染谷将太、前田敦子、イ・ウンウ、南果歩ほか

広木隆一監督『さよなら歌舞伎町』は、東京・新宿のラブホテルの1日を通して、さまざまな人間模様を描いた作品だ。

映画や演劇、小説の世界で「グランド・ホテル形式」と呼ばれる伝統的な手法。広木と脚本・荒井晴彦の名コンビが、手だれの技を軽やかに披露している。夢の吹きだまりのような街と、そこに集まる人々の欲望を、丸ごと肯定しよう。作り手のそんな気持ちが伝わってくる温かい作品だ。

徹（染谷将太）は新宿・歌舞伎町にあるラブホテル「ホテル・アトラス」の店長。同居している音楽家志望の沙耶（前田敦子）には、お台場の一流ホテルで働いているとうそをついている。ヘナ（イ・ウンウ）は母国の韓国でブティックを開く資金をためるために、デリバリーヘルス（派遣型風俗店）で働いている。ビザが切れ日本に不法滞在しているヘナは、帰国を決め、恋人チョンス（ロイ）に告げる。里美（南果歩）はホテル・アトラスの従業員。アパートの部屋に康夫（松重豊）をかくまい、ひっそりと暮らしている。2人は事件を起こして指名手配中で、時効まであと1日なのだ。

物語はこの3組のカップルを軸に、家族に内緒でアダルトビデオ（AV）に出演している徹の妹、美優（樋井明日香）や、風俗のスカウト（忍成修吾）と家出少女（我妻三輪子）などのエピソードを

※『さよなら歌舞伎町』
DVD & Blu-ray 発売中　価格　Blu-ray 5,720 円（税込）、DVD 4,620 円（税込）
販売元：ハピネット・メディアマーケティング　

※

交えて進んでいく。NHK大河ドラマ『麒麟がくる』の織田信長役などエキセントリックなイメージが強い染谷が、普通の悩める若者を演じ、逃亡を続ける里美役の南が、助演女優賞を贈呈したいほど素晴らしい。

徹と美優の兄妹は宮城県塩釜市出身という設定。彼らが性産業で働き始めたきっかけは、東日本大震災だった。福島県出身の広木監督は、この映画でさらりと触れたテーマを発展させ、2年後『彼女の人生は間違いじゃない』に結実させた。

舞台のホテル・アトラスは歌舞伎町に実在するラブホテル。刺激的な言葉が飛び交い、裸体や性的な場面も多いが、観終わった後は前向きな気持ちになる。秘密やうそを抱えた人々が新しい人生に旅立つ姿に、励まされるからだろう。

ここにも注目　1932年の米映画が原点

『グランド・ホテル形式』という用語の由来になったのは、1932年公開の米映画『グランド・ホテル』。ベルリンの超一流ホテルが舞台の群像劇で、グレタ・ガルボ、ジョン・バリモアらが競演。米アカデミー賞作品賞を受賞した名作だ。

ホテルに限らず、一つの場所に複数の人物が集まり幾つもの物語が並行して進む作品も、この形式に含まれる。代表作としては『大空港』や『タワーリング・インフェルノ』などが挙げられる。

日本映画では、三谷幸喜監督の『ラヂオの時間』や『THE有頂天ホテル』などがある。

▼135分。カラー。

2014年▼塚本晋也監督

『野火』戦場の凄惨な実態リアルに

出演＝塚本晋也、リリー・フランキー、中村達也、森優作ほか

塚本晋也監督・主演の『野火』は、地獄のような戦場の実態を、リアルに再現した映画だ。絵空事ではない。わずか七十数年前に、大勢の日本人が実際に体験した出来事なのだ。ロシアのウクライナ侵攻が続く今、戦争の怖さ、非人間性を確認するためにも、目を背けずに観てほしい。

第2次世界大戦末期、日米の激しい戦闘の場となったフィリピン・レイテ島。敗色濃厚になった日本軍は食料の補給路が断たれ、兵士たちは飢えに苦しんでいた。

胸を病む田村1等兵（塚本）は、戦闘の役に立たないと部隊から追い出され、野戦病院でも受け入れてもらえない。独り、山野をさまようち、偶然出会った現地の若い女性を射殺してしまう。罪を悔いて銃を捨てた田村は、軍の集結地を目指しているという兵士たちに合流する。だが、道のりには、累々たる屍の山が築かれていた。

戦闘による死だけではない。絶望して自爆する者もいる。そして、多くは餓死だ。「自分が死んだら、食べてもいいよ」と言い残して、死んでいく兵士すらいた。

ぼろぼろになった田村は、部隊の仲間だった安田（リリー・フランキー）と永松（森優作）に再会する。2人は、サルを撃ち、その肉を食べて生き延びていると言う……。

原作は、大岡昇平が自らの従軍体験を基に書いた小説。1959年に市川崑監督が船越英二主演で映画化した。白黒だった市川作品とは違い、今回はカラー。手持ちカメラを活用した映像は、田村の視線と同化したようで、本当の戦場にいるような恐ろしさがある。目をえぐられ、腕をもがれて死んでいく兵士たちの映像はショッキングだ。

だが、不思議なことに、観ているうちに怖さを徐々に感じなくなっていく。凄惨な地獄絵に心を奪われ、何かを想像する余地がなくなってしまうのだ。こんなふうに感覚をまひさせて、人は生き延びていくのだろうか。

「はっきりと露骨な形で戦争の方に向かっている時代だからこそ、この映画を作らねばならないと思った」。2014年秋の塚本の言葉だ。日本はもう二度と戦争への道を歩んではならない。

ここにも注目　俳優・塚本晋也の魅力

監督としての塚本晋也を知ったのは、肉体が次第に鉄に化していく男を描いた映画『鉄男』（1989年）だ。この作品でも自ら出演していた塚本は、その後監督、俳優の両面で活躍していく。

極限状態の中でも何とか理性を保とうとする田村1等兵の役は、塚本にぴったりだった。終盤、手りゅう弾で吹っ飛んだ自分の肉片を食べる場面には、『鉄男』などに通じる黒いユーモアがあった。

近年では、マーティン・スコセッシ監督『沈黙サイレンス』の、海中ではりつけにされる隠れキリシタン役も印象的だった。

▼キネマ旬報ベスト・テン2位。87分。カラー。ブルーレイ、ＤＶＤが松竹から販売中。

2014年▼武正晴監督

『百円の恋』

安藤サクラ、ここにあり

出演＝安藤サクラ、新井浩文、稲川実代子、早織ほか

ニートの女性が、中年のボクサーと出会ったことがきっかけで、自分もボクシングを始め、人生が変わっていく。武正晴監督『百円の恋』のストーリーを一言でまとめるとこうなる。どんな映画か想像できるし、わざわざ観なくてもいい、と思う人がいるかもしれない。それでなくても『ロッキー』や『ミリオンダラー・ベイビー』など、ボクシング映画は数多くあるのだ。ところがどっこい、これが予想をはるかに上回る面白い作品なのである。

斎藤一子（安藤サクラ）は32歳。無職で、母（稲川実代子）が弁当店を営む実家の2階で、だらだらと毎日を過ごしている。ある日、夫と別れ小学生の息子を連れて実家に戻って来た妹の二三子（早織）と大げんかし、家を飛び出す。

アパートで1人暮らしし、100円ショップで深夜のアルバイトを始めた一子は、さまざまな問題を抱えた人々と出会う。やがて彼女は、100円ショップ近くのボクシングジムでストイックに練習を続ける引退間近のボクサーに惹かれるようになる。そのボクサー、狩野（新井浩文）が店にバナナを買いに来たことから物語が始まる。

この役のために太めの体形にしたという安藤の体を張った演技がすごい。妹と取っ組み合いのけん

かをし、頭にかけられたケチャップが付いた部屋着で街へ飛び出し、道の真ん中で転ぶ。こんなだらしないイメージが、ボクシングを始めた後、別人のように変わっていく。体は引き締まり、うつろだった表情は生き生きして、ボクシングシーンは目頭が熱くなるほど迫力満点だ。

パンチを受けてリングに倒れた一子に、ジムの会長（重松収）が普段の冷静さをどこかにやって叫ぶ。「立って死ね！」

足立紳の脚本は、言葉で全てを説明せず、一子が悲惨な目に遭いながら、どん底からはい上がっていく姿を、愛情を込めて描き出している。ここまで描かなくてもという部分はあるが、スポーツ映画にありがちなサクセスストーリーにしなかったのは好感が持てる。哀愁を帯びた音楽が、いい意味の滑稽さを感じさせ、映画を深刻過ぎないものにしている。

ここにも注目　山口県周南市などでロケ

足立紳の脚本『百円の恋』が2012年、山口県周南市の周南「絆」映画祭で「松田優作賞」を受賞したのが、映画化のきっかけになった。

このため、映画では同市の徳山動物園で一子と狩野が初デートする場面が撮影されたのをはじめ、下松市、光市など山口県内でロケが行なわれた。

もっとも、実家の弁当店などのロケ地は、横浜市内。さらに狩野らが通う青木ジムは、東京都新宿区に実在するボクシングジムだ。

こうした遠く離れた各地での撮影が、映画では一つの町内での出来事のように描かれているのも見どころと言えよう。

▼キネマ旬報ベスト・テン8位。114分。カラー。DVDが東映から販売中。

2013年▼三谷幸喜監督

『清須会議』

二枚目が喜劇演じる面白さ

出演＝役所広司、大泉洋、小日向文世、佐藤浩市ほか

本能寺の変で織田信長が討たれた後、後継者を誰にするか、会議を開いて決めることになった。恥をさらすようだが、三谷幸喜が原作、脚本、監督を務めた『清須会議』を観る前は、こんな出来事が実際にあったことを知らなかった。

テレビドラマ『古畑任三郎』シリーズなどを生み出した脚本家だけあって、目の付け所がいい。劇的な出来事の後の、一見、地味な会議で、権力を巡る激しい戦いが繰り広げられるさまを、面白おかしく、かつドラマチックに描いていく。

脚本を書いたNHK大河ドラマ『真田丸』『鎌倉殿の13人』と同じく、三谷の持ち味が存分に発揮された歴史群像劇だ。

1582（天正10）年、謀反を起こした明智光秀を倒した織田家の重臣たちは、尾張国の清須城に集まり、信長亡き後の方針を話し合うことになった。焦点は、筆頭家老、柴田勝家（役所広司）と光秀を討った羽柴秀吉（大泉洋）の勢力争い。

勝家は信長の三男、信孝（坂東巳之助）を、秀吉は次男の信雄（妻夫木聡）を、それぞれ織田家の跡継ぎに推薦。丹羽長秀（小日向文世）、池田恒興（佐藤浩市）を加えた4人の会議で決することに

※『清須会議 スタンダード・エディション』
Blu-ray&DVD 発売中　Blu-ray：5,170 円（税抜価格 4,700 円）　DVD：4,180 円（税抜価格 3,800 円）　発売元：フジテレビジョン　販売元：東宝　© 2013 フジテレビ　東宝

※

なった。

4人の造形が誠にうまい。豪胆だが、純朴で駆け引きは苦手な勝家。お調子者を装っているが、実は冷酷な戦略家の秀吉。冷静沈着だが自らがリーダーとなる力はない長秀。損得ずくで動く人間であると誰もが認める恒興。この4人に、勝家と秀吉が共に思いを寄せる信長の妹、お市様（鈴木京香）などが絡み、ドラマが進んでいく。

普段は二枚目役が似合う役所、佐藤、妻夫木（信雄は〝バカ殿〟なのだ）らの笑いを誘う演技が愉快だ。そこに大泉のけれん味たっぷりの芝居がうまく重なり、小日向や鈴木の〝真面目な芝居〟が、さらにおかしみを加えていく。観客を絶対に笑わせようという三谷の意気込みが感じられる。

さて、会議の結果、誰が跡継ぎになったのか？　登場人物たちはその後どんな生涯を送ったのか？　映画を観た後、いろんなことを調べたくなる。筆者のように歴史が苦手な人でも楽しめる映画だ。

ここにも注目　清洲会議の表記も

「清須会議」は「清洲会議」と表記されることがあり、会議そのものの議題や内容についても、諸説がある。また、重要な登場人物の1人である三法師の生母が、武田信玄の娘である松姫（剛力彩芽）かどうかは、明確ではない。

三谷は、こうした部分については、自らの見解ではっきり選び取っているように思える。歴史的な事実はきちんと押さえた上で、想像力を自由に働かせ、個性的な人物たちがぶつかり合うドラマを作り上げるのが、三谷時代劇のセオリーなのだ。

▼138分。カラー。

2013年▼青山真治監督

『共喰い』心の中にすむ魔物

出演＝菅田将暉、木下美咲、光石研、田中裕子ほか

人の心の中には魔物がすんでいる。青山真治監督『共喰い』は、普段は忘れてしまっている「本当のこと」を思い出させてくれる。

1988（昭和63）年夏、山口県下関市。海に近い川沿いの、発展から取り残された地域に住む人々の物語だ。高校生の遠馬（菅田将暉）は、17歳の誕生日にガールフレンドの千種（木下美咲）と記念のセックスをする。遠馬は、父親の円（光石研）が行為の時に女性を殴る性癖を持つのを知り、自分もいつか同じことをするのではないかと不安を抱いている。

遠馬の母親、仁子（田中裕子）は円の暴力を嫌い、家を出て川沿いの魚店を独りで営んでいる。仁子は戦災で左腕（原作では右腕）の手首から先を失い、特製の義手を着けて魚をさばいている。円は、飲み屋街の店に勤める琴子（篠原ゆき子）と愛人関係になり、1年ほど前から遠馬と3人で一緒に暮らしている。

この5人以外に、円が通う「アパートの女」（宍倉暁子）が登場するが、そのほかの人（例えば学校の友人たち）は全く出てこない。遠馬は、お互いの体臭すら感じそうな、濃密で閉じた世界の中で、自分の中の抑え切れない欲望と向き合う。

※『共喰い』
発売・販売：アミューズソフト　3,800円（税抜）／4,180円（税込）

※

柱になるのは、父と息子の葛藤であり、さらに女性を性欲の対象としか見ない男に対する女たちの闘いである。息子に代わって最終的に円を罰する仁子をはじめ、琴子も千種も、女たちは皆強くて、遠馬には優しい。

仁子役の田中が「体を張る」とはこういう時に使うのだろうという圧巻の演技を、この映画でも見せている。光石も、無自覚に他者を傷つける男を見事に演じている。

原作は田中慎弥の芥川賞受賞小説。映画の終盤、昭和天皇の戦争責任の問題が唐突に浮上する。原作には記述はないが、時代設定が昭和63年であり、仁子の手は戦争によって失われたことを考えれば、映画は暗示されているものを表面化したと言えるのかもしれない。

映像の素晴らしさや「帰れソレントへ」などの劇中の音楽について、語り始めるときりがない。青山監督の早過ぎる死（2022年3月、57歳で死去）が惜しまれてならない。

ここにも注目　脚本は荒井晴彦

映画の終盤、仁子は遠馬に「あの人（昭和天皇）より先に死にとうない」「あの人が始めた戦争でこうなった（手を失った）んじゃけえ」と言う。

こうした時代に向き合う視点や、ラストシーンについては、映画のオリジナルで、脚本家の荒井晴彦の個性が現れた部分と思える。思想や人間観によって、評価が分かれるところだろう。

映画の最後に「母の思い出に」という英語のメッセージが出る。青山監督は過去の会見などで、教師だった母親が反戦の思いを強く持っていたことを話している。そのことも、仁子の言葉につながっているのだろうか。

▼キネマ旬報ベスト・テン5位。102分。カラー。

2012年▼細田守監督

『おおかみこどもの雨と雪』

爽やかな母子の愛情物語

声の出演＝宮崎あおい、大沢たかお、菅原文太、黒木華ほか

アニメでも実写でも説明過多でくどい映画は好きではない。家でそう話したら、自分に似ているからだろうと言われてしまった。ともあれ、細田守監督『おおかみこどもの雨と雪』の魅力は、余分な説明を省略して、作品の世界に力強く観客を引き込んでいくことだ。

例を挙げれば、物語のきっかけとなる若い女性と「おおかみおとこ」との出会い。彼の名前はもちろん、どこで生まれ育ったかとか、どんな苦労をしてきたかとか、〝現実的〟な説明はほとんどない。だが、観客にはそれは全く気にならない。

「おとぎ話みたいだって笑われるかもしれません……でも、これは確かに私の母の物語です」。冒頭に流れる雪（声の出演、黒木華）の言葉通り、２人が出会い、恋に落ちたことから始まる物語を、本当に起きた出来事かのように感じさせる力がこの映画にあるからだ。

花（同、宮崎あおい）は、東京郊外にある国立大の学生。ある日、学生ではないのに一生懸命に授業を聴いている若い男（同、大沢たかお）と出会い、たちまち相思相愛の関係になる。

しばらくして、彼は、自分がニホンオオカミの末裔だと花に打ち明け、オオカミの姿に変身するところを見せる。花はそんな彼を受け入れて、２人で暮らし始め、やがて娘の雪（同、幼年期は大野百

※『おおかみこどもの雨と雪』
DVD&Blu-ray 発売中　発売元：バップ

※

花）と、息子の雨（同、幼年期は加部亜門、少年期は西井幸人）が生まれる。だが、彼は、雨が生まれて間もなく急死。残された花は、幼い「おおかみこども」の姉弟を連れて、人里離れた山村の廃屋に移り住み、2人を独力で育てていく。

アニメであるがゆえに可能な表現を、効果的に使っている。ふだんは人間の姿の雪と雨がオオカミに変身するシーンや、おてんばな雪と臆病な雨が、成長するにつれて変化していく様子は、実写ではこれほど自然な映像にできなかっただろう。

オオカミとして生きるのか、人間として生きるのか。子どもたちが決める日までは全力で2人を支えるが、決めるのは彼らに任せ、その後は自分の人生をしっかり生きていく。家族愛を過剰に押し付けない花の生き方が爽やかだ。

ここにも注目　菅原文太の最後の映画

山村で、農業のやり方を花に教えてくれるのが「韮崎のおじいちゃん」。声を担当した菅原文太に風貌がそっくりだ。東日本大震災後の状況などを理由に、2012年2月に俳優休業宣言をした菅原は、数カ月後に声優としてこの映画に出演。これが遺作となった。

細田監督は雑誌『ユリイカ』のインタビューで、菅原から「映画を作ることに意味がないんじゃないか」と言われたことを明かしている。「（それでも）演じてみてもいいと思える映画というのはいったいなんなのか」。それに応えるのが「文太さんに託された永遠の課題なのかもしれません」。

▼117分。カラー。

2012年▼吉田大八監督

『桐島、部活やめるってよ』

みんなきらきら輝いている

出演＝神木隆之介、橋本愛、東出昌大、松岡茉優ほか

吉田大八監督『桐島、部活やめるってよ』は、数ある青春群像映画の中で記憶に残る一本だ。

高校生を演じた俳優たちが皆、きらきら輝いている。103分の上映時間の中で、10人以上の個性を描き出した切れの良い演出にも拍手したい。

金曜日の高校。バレー部のキャプテン桐島が部活をやめるといううわさが流れ、2年生のクラスメートを中心に波紋が広がっていく。桐島は当日、学校に姿を見せず、彼女の梨紗（山本美月）や、親友の宏樹（東出昌大）が、電話やメールを入れても、反応しない。

映画はこの後、校内で起きる出来事を、梨紗ら女子4人のグループ、宏樹を含む男子3人グループ、さらに、実は主役である映画部の部長、前田（神木隆之介）と副部長の武文（前野朋哉）、という三つの視点から描いていく。そうした手法によって、同じ出来事でもそれぞれの立場によって見え方が違うことが分かり、クラスの中の微妙な人間関係も見えてくる。

梨紗、沙奈（松岡茉優）、かすみ（橋本愛）、実果（清水くるみ）の女子4人や、宏樹ら男子3人は、容姿を含めて、クラスの中で目立つ存在。対照的に、運動音痴で映画オタクの前田や武文、宏樹にひそかに思いを寄せる亜矢（大後寿々花）らは、目立たない、その他大勢だ。

※『桐島、部活やめるってよ』
Blu-ray&DVD 発売中　発売元：バップ

そして、映画の中には登場しない桐島というカリスマ的な同級生と親しいことが、上位グループの自信を支えている。

若い俳優たちが皆、好演。中でも、性格の悪い沙奈を見事に演じた松岡と、主演の神木のうまさが目立った。神木が演じた映画部長を通して、映画への愛を熱く伝えることにも成功した。

朝井リョウの小説すばる新人賞受賞作が原作。※原作にある実家の家庭問題などは描かず、校内だけの物語にしたのも、潔かった。

ロシアの侵攻が続く中、ウクライナから国外に脱出した14歳の少年が「サッカー選手になる夢をあきらめた」と語るニュースを見た。映画の中のせりふを借りれば「この世界で生きていかなければならない」若者たちが、未来を奪われる残酷さに胸が痛む。

ここにも注目　女子が活躍、部活もの

この映画には高校の映画部、吹奏楽部、バレー部、野球部が出てくる。

女子高の演劇部を舞台にした『桜の園』、女子ボート部員の奮闘を描いた『がんばっていきまっしょい』、軽音楽部のガールズバンドが留学生を加えて文化祭を目指す『リンダリンダリンダ』、時代劇オタクの女子高生が映画作りに挑む『サマーフィルムにのって』。『ウォーターボーイズ』を忘れているわけではないが、女性を主人公にした部活もの映画ばかり思い出すのは、筆者の好みが偏っているせいだろうか。

▼キネマ旬報ベスト・テン2位。103分。カラー。

2012年▼ヤン ヨンヒ監督

『かぞくのくに』

国家が姿を現すとき

出演＝安藤サクラ、井浦新、ヤン・イクチュン、宮崎美子ほか

北朝鮮で暮らす肉親との再会で揺れる家族を描いた『かぞくのくに』は、在日コリアン2世の女性ヤン ヨンヒが、脚本を書き監督した作品だ。

体験に裏付けられた映画は、フィクションと思えぬほどのリアリティーがあり、国家とはいったい何なのかという重い問いを突き付けてくる。

1997年夏、リエ（安藤サクラ）は、父（津嘉山正種）、母（宮崎美子）と3人で東京の下町で暮らしている。在日コリアンの一家で、父は朝鮮総連の幹部、母は喫茶店を経営、リエは日本語学校の講師をしている。

ある日、一家の元に、北朝鮮にいるリエの兄、ソンホ（井浦新）が一時帰国するという知らせが届く。ソンホは25年前、父の勧めに従って、北朝鮮への「帰国事業」に参加して移住。以来、日本に戻ることはなかった。今回は、脳腫瘍の治療のため、3カ月の日本滞在が特別に許されたのだ。

再会を喜ぶ一家に、北朝鮮から同行してきたヤン（ヤン・イクチュン）は「ソンホの行動は制限されており、監視が付いていることを忘れないでください」と警告する。

灰色がかった色調の画面が内容と合っている。手持ちカメラを活用したロケ撮影では、商店街の音

も聞こえ、生活感がよく伝わってくる。やせて生気がないソンホ、がっしりした体格が任務を暗示しているヤン。俳優たちのたたずまいもいい。

インパクトがあるのは、リエが、兄に付きまとうヤンに怒りを爆発させ「あなたも、あの国も大嫌い」と叫ぶ場面だ。

ヤンは答える。「あなたが嫌いなあの国で、お兄さんも私も生きているんです。死ぬまで生きるんです」。平和な日常では意識する必要がない国家が、姿を現す瞬間だ。

帰国を命じられた兄は妹に言う。「あの国では、考えずにただ従うだけだ。考えるのはどう生き延びるか、それだけだ」

そんな国になってしまえば、人々はもはや意見を言うことすらできなくなるのだ。ロシアのウクライナ侵攻が続く中、ソンホの言葉は胸に響く。

兄と別れた後のリエの表情がすごい。『万引き家族』で世界をうならせた名演をほうふつさせる、安藤の見事なパフォーマンスだ。

ここにも注目『スープとイデオロギー』

ヤン ヨンヒは1964年、大阪市生まれ。東京の朝鮮大学校を卒業後。教師、舞台俳優などを経て映像作家になった。

家族の姿を10年にわたり記録した長編ドキュメンタリー映画『ディア・ピョンヤン』がベルリン国際映画祭などで受賞。その後、めいを主人公にしたドキュメンタリー『愛しきソナ』、初のフィクション『かぞくのくに』を発表してきた。

最新作は2022年6月公開の『スープとイデオロギー』。年老いた母親の人生を通して、韓国現代史の悲劇を掘り起こしていくドキュメンタリーだ。

▼キネマ旬報ベスト・テン1位。100分。カラー。DVDがKADOKAWAから販売中。

2012年▼山下敦弘監督

『苦役列車』

人生は独りぼっちの闘いだ

出演＝森山未来、高良健吾、前田敦子、マキタスポーツほか

山下敦弘監督『苦役列車』は、都会の片隅で孤独に生きる青年の感情を赤裸々に描いた、苦く優しい青春映画だ。

原作は、2022年2月に54歳で急死した作家、西村賢太の芥川賞受賞作。いまおかしんじの脚本は、私小説である原作にはない片思いのエピソードを加え、主人公の苦悩をより分かりやすく描いている。

北町貫多（森山未来）は19歳。小学校5年生の時、父親が犯した性犯罪のために一家離散。中学卒業後は、東京都内の安アパートで独り暮らし、日雇いの肉体労働で食いつないでいる。

貫多はある日、仕事場に向かうバスで専門学校生の日下部正二（高良健吾）に声をかけられる。2人は一緒に酒を飲み、貫多が行きつけの風俗店に正二を誘う仲になる。

正二は、貫多が古本屋でアルバイトをしている女子大生、桜井康子（前田敦子）に憧れているのを知ると、「貫多の友達になってください」と康子に頼む。康子が願いを受け入れ、貫多は舞い上がる。友人も恋人もいなかった彼に、初めて訪れた青春の時だった……。

森山がうまい。大ヒットした前年の『モテキ』で、恋愛に空回りする30代初めの男性をコミカルに

演じた彼が、ここでは原作者をほうふつさせるような、むさくるしくて気難しくて、どこか憎めない青年になりきった。

高良も好演。「自分は性犯罪者の息子、頑張ってもどうにもならない」と嘆く貫多を「悪いことをしたのはおまえじゃないんだから」と励ます。明るく素直な正二役に、ぴったり合っていた。

暗く絶望的な映画ではない。下品で偽悪的な言葉で怒りや劣等感を隠す貫多を、山下監督は、時には情けなく、時にはユーモラスに温かく描く。

貫多は重荷を背負い、貧困のどん底で暮らしているが、人生という「苦役列車」から降りたわけではない。周囲の人間に悪態をつきながら、唯一の楽しみである読書を捨てず、ついに自ら小説を書いて生きていくのだ。

あえて他者を傷つける貫多の生き方に、共感するのは難しい。だが、彼にはこれしか道がなかったのだろう。独りぼっちで闘い続けた原作者の不器用な生き方が重なって見える。

ここにも注目　脇役もきらり

森山未来、高良健吾、前田敦子。主役3人を固める脇にも、個性的な俳優が顔をそろえている。

貫多の仕事場で先輩風を吹かす中年男を演じたのがマキタスポーツ。貫多の一念発起のきっかけをつくる重要な役だった。

古本屋の店主、田口トモロヲもいつもながらのいい味を出している。印象的だったのは、冒頭と3年後の場面に、風俗店の客引き役を演じた宇野祥平。せりふはないが、時間の経過を巧みに表現していた。当時は無名だったが、２０２０年の『罪の声』で、幾つもの助演男優賞に輝くのがうなずける存在感があった。

▼キネマ旬報ベスト・テン5位。113分。カラー。ブルーレイ、DVDがキングレコードから販売中。

2012年▼森田芳光監督

『僕達急行　A列車で行こう』

緩い笑いが心を解きほぐす

出演＝松山ケンイチ、瑛太、貫地谷しほり、笹野高史ほか

森田芳光監督『僕達急行　A列車で行こう』は、遊び心にあふれた楽しい映画だ。『釣りバカ日誌』や『社長シリーズ』に通じるサラリーマン喜劇ふうな緩い笑いが、心を解きほぐしてくれる。

小町圭（松山ケンイチ）は、大手不動産開発会社のぞみ地所の東京本社社員。鉄道ファンで、わたらせ渓谷鉄道にデートに行くが、あっさり振られてしまう。その列車に同乗していたのが、下町の町工場、コダマ鉄工所の2代目、小玉健太（瑛太）だ。後日2人は、偶然再会。部屋を探していた小町が鉄工所の寮に入所し、仲良しになる。

物語が動くのは、小町の九州支社転勤。福岡に引っ越した小町は、難航していた地元の大物社長の説得を任される。実はその社長も鉄道ファンで、小町と福岡に遊びに来ていた小玉の2人と、ある場所で会ったことから、難題が解決に向かう。

全員の名前が鉄道に関連しているのをはじめ、監督が面白がってふざけているのがよく分かる。

例えば、小町がジェットコースターの急降下に合わせて「あああーあー」と叫び声を上げる場面や、小玉の見合い相手の母親（伊東ゆかり）が、小玉の父親（笹野高史）と会って、小指をかむ場面。前者はレッド・ツェッペリンの「移民の歌」（1970年）を知っていれば大笑いできるし、後者は伊東

※『僕達急行 A 列車で行こう』
販売元：バンダイナムコフィルムワークス　Blu-ray・DVD 発売中

※

のヒット曲「小指の想い出」（67年）の歌詞と重ねればおかしい。こうした「分かる人には分かる」的な笑いを含め、さまざまな笑いが随所に仕込まれている。

主人公2人はいかにも草食系男子っぽく、鉄道愛や音楽愛、金属愛にまい進する。軽喜劇の中でも、オタク文化が一般化していく流れをきちんと描いているのが、常に時代を先取りしてきた森田らしい。カラフルで個性的な各地の鉄道を見て、コロナ禍で自制してきた旅心が久々にうずいた。

作品中には、続編を予告するようなせりふが幾つかある。だが、この映画の公開を3カ月後に控えた２０１１年12月、森田は急性肝不全のため61歳で死去した。きっと、森田は小町と小玉が日本各地を旅するシリーズを構想していたに違いない。残念だ。

ここにも注目　ありがとうは森田の手書き

映画の最後、クレジットタイトルの「監督　森田芳光」の名前は、監督自筆のサイン。続いて出る「ありがとう」も、森田の手書きだ。

森田の急死後、公私にわたるパートナーの三沢和子が家中を探して「ありがとう」の文字を見つけ、完成していた映画にわざわざ焼き直して入れたという（『森田芳光全映画』リトルモア）。

三沢はラストシーンでトンネルに入っていく黄色い電車の型Y－ＤＣ１２５が、芳光のY、監督（ディレクター）のＤＣ、森田の誕生日（1月25日）に符号することに触れ「監督一人だけがあの電車に乗って行ってしまったように観えて仕方がない」と語っている。

▼119分。カラー。

2012年▼タナダユキ監督

『ふがいない僕は空を見た』

幸せの形は一つじゃない

出演＝永山絢斗、田畑智子、原田美枝子、窪田正孝ほか

家庭を持ち、子どもをつくる。それが理想的な幸せの形だろうか？　タナダユキ監督『ふがいない僕は空を見た』は、そう問いかけてくる。

斉藤卓巳（永山絢斗）は高校2年生。アニメ同人誌の販売イベントで知り合った主婦、岡本里美（田畑智子）と関係を持つ。夫の留守中に里美の部屋を訪れ、アニメのコスプレをして、里美が書いた台本に沿ってセックスをする。小遣いとして現金を受け取る関係だが、次第に里美を純粋に好きになっていく。

里美は義母（銀粉蝶）から、早く子どもをつくれとプレッシャーをかけられている。マザコンの夫（山中崇）と一緒に不妊治療を受けるが、心は冷えていくばかりだ。

卓巳の父親は家を出て行方が分からない。母の寿美子（原田美枝子）は、自宅で産院を経営する助産師。仕事には真摯に対処し優しい人柄だが、助手の長田光代（梶原阿貴）からは「本当は腹黒い」とからかわれている。

物語は、卓巳と里美の関係が義母と夫にばれ、隠し撮りされた映像がネット上に拡散したことから急展開する。その後は、卓巳と里美に加え、卓巳の親友、福田良太（窪田正孝）の事態に対する反応

が軸になっていく。

母親が男性の所に出ていき、ぼけた祖母の面倒を見ている良太は、困窮しているが、他者に弱みを見せない。同級生の卓巳に対しては、複雑な感情を抱いている。

コスプレやSNSなど、いかにも今風な要素に目を奪われるが、中心になるのは、普遍的な人間ドラマだ。タナダ監督は幾つものエピソードを通して、それぞれに事情を抱えて生きている人々を、リアルに描き出した。

大胆な性愛描写に挑戦した田畑と永山、スパイスのような役割を果たした梶原、窪田ら。好演技を見せた俳優の中で、ひときわ輝いていたのが原田。息子にトラブルが起きてもじたばたしない、青空のような母を、見事に演じきった。

惜しむらくは、各人の心理や事情を丁寧に描写しようとするあまり、やや冗長になったことだ。日々の感情を描いた作品にふさわしい、コンパクトな上映時間にまとめてほしかった。

ここにも注目　原作者は2022年の直木賞受賞

原作は、『夜に星を放つ』で2022年7月、第167回直木賞を受賞した窪美澄の小説。窪は、1965年東京都生まれ。2009年『ミクマリ』で「女による女のためのR−18文学賞」大賞を受賞しデビュー。同作を含む5編を収めた『ふがいない僕は空を見た』で山本周五郎賞を受賞した。

窪は直木賞受賞後、共同通信に寄せたエッセーで、小説を書き始めたきっかけに「息子が高校に入った夏、息子と2人で家を飛び出した」ことを挙げている。物語の核になる高校生、卓巳と母親の寿美子の関係に、こうした体験が投影されているようにも感じられる。

▼キネマ旬報ベスト・テン7位。142分。カラー。DVDが東映から販売中。

2012年▼周防正行監督

『終の信託』

命と法の在り方を問う

出演＝草刈民代、役所広司、大沢たかお、浅野忠信ほか

この人の作品は見逃せないと思っている監督が何人かいる。周防正行はその一人だ。『シコふんじゃった。』、『Ｓｈａｌｌ ｗｅ ダンス?』と上質な娯楽映画を生み出してきた彼が、『それでもボクはやってない』に続き、日本の刑事司法の問題点に真っ向から挑んだ力作だ。『終《つい》の信託』は、

折井綾乃（草刈民代）は、総合病院に勤務する呼吸器内科の医師。不倫相手の同僚の医師（浅野忠信）に捨てられ、自殺未遂を起こす。絶望した綾乃は、入院患者、江木（役所広司）に精神的に救われる。長年ぜんそくを患い、入退院を繰り返している彼は、幼時に体験した悲劇を綾乃に話し、やがて2人は信頼を深める。そして、江木は綾乃に重大な頼みをする。

前半は、純愛映画なのかと思うほど、2人の心の交流が丁寧に描かれる。だが、それは終盤で本当に訴えたいことを展開するための布石だ。

江木の死から3年後、綾乃は思いがけず殺人容疑で告発される。そして、検察庁に呼び出され、塚原検事（大沢たかお）の苛烈な取り調べを受ける。密室での取り調べで、検事は綾乃を心理的に圧迫し、さまざまなテクニックを使って、綾乃が罪を認めたような調書を作成してしまう。

※『終の信託　(特典DVD付2枚組)』 Blu-ray & DVD発売中　Blu-ray：6,270円（税抜価格5,700円）　DVD：5,170円（税抜価格4,700円）　発売元：フジテレビジョン　販売元：東宝

終《つい》の信《しん》託《たく》

※

約45分にもわたるこの場面は緊迫感にあふれ、すさまじいリアリティーがある。ここには『それでもボクは―』公開4年後に法制審議会「新時代の刑事司法制度特別部会」委員に選ばれ、取り調べの全面可視化や証拠の全面開示などの改革を提言した周防の思いが込められている。取り調べの全過程を可視化しなければ、密室でこうした調書が作られ、冤罪事件が生まれる危険があるのだ。

この映画は綾乃に寄り添って作られている。もし『羅生門』のように、同じ出来事を江木の妻（中村久美）の立場からも描いたらどうなっただろう。周防はそうした意見も考慮した上で、あえてこの撮り方をしたのだと思う。

『Ｓｈａｌｌ　ｗｅ―』以来16年ぶりの共演となる草刈と役所の息がぴったり合っている。「あなたは人生を誠実に生きている。だから、いい先生なんです」。ぼろぼろになった綾乃に江木が語る言葉が優しい。

ここにも注目　今回も音楽が効果的

『シコふんじゃった。』の中の「悲しくてやりきれない」、『Ｓｈａｌｌ　ｗｅ　ダンス?』の中の「シャル・ウィ・ダンス?」。周防作品では挿入曲が印象的だ。

今回もプッチーニのオペラ『ジャンニ・スキッキ』の中のアリア「私のお父さん」と、山田耕筰作曲の「新子守謡」が、物語の重要な場面で効果的に使われている。

映画で流れる「私のお父さん」は、オペラ歌手キリ・テ・カナワの歌。「とんとん　とろりこ　とんとろり」で始まる「新子守謡」は、江木（役所広司）が戦争直後に体験した悲劇を象徴している。

▼キネマ旬報ベスト・テン4位。144分。カラー。

『八日目の蟬』

母性見つめた再生のドラマ

出演＝井上真央、永作博美、小池栄子、森口瑤子ほか

成島出監督『八日目の蟬』は、女性の中の母性を見つめた角田光代の優れた原作に丁寧に向き合い、あるいは罪を犯し、あるいは傷ついた女性たちが、苦しみながらも、前へ進んでいこうとする姿を描いた映画だ。

野々宮希和子（永作博美）は、既婚者の秋山（田中哲司）の子を宿すが中絶。子どもが産めない体になってしまう。秋山の妻（森口瑤子）に責められ、彼ら夫婦に娘、恵理菜が生まれたことを知った希和子は、夫婦の家に行き、衝動的に恵理菜を連れ出してしまう。

映画は、誘拐した乳児を薫と名付け、わが子として育てた希和子の4年間の逃亡劇と、事件解決後に生家に戻り、大学生に成長した恵理菜（井上真央）の現在を、交錯させながら描いていく。

フリーライター安藤千草（小池栄子）の登場で、恵理菜は封印していた「薫」の時代の記憶を呼び覚ましていく。

タイトルは「セミは土の中から地上に出てくると7日で死ぬ。もし、8日目になっても生き残っているセミがいたら」という恵理菜と千草の会話から。犯罪の被害者であるにもかかわらず、自分の存在に罪悪感を抱いている恵理菜の気持ちが明らかになる。

※『八日目の蟬』
発売・販売：アミューズソフト　3,800円（税抜）／4,180円（税込）

※

なぜ彼女が、それほどまでに苦しまなければならないのか。原因を作ったのは、父親の不倫だ。

だが、恵理菜はそれを知りながら、既婚者の岸田（劇団ひとり）と付き合っている。岸田は恵理菜に言う。「そのうち、きちんとするから」。それは、彼女の父親が昔、希和子に言ったのと同じ言葉だ。男の卑しさ、ずるさを描いたこうした場面に、いたたまれない気持ちになった男性は、筆者以外にもいるだろう。

奥寺佐渡子の脚本は、原作の構成を大胆に変更し、観客をスムーズに物語の世界に引き入れた。自分を裏切り続けた男の子どもに愛情を注ぐ希和子の母性の切なさより、未来に歩もうとする恵理菜の決意が強調されたのは、映画のオリジナリティーと評価したい。

希和子と薫が身を隠す女性だけのカルト的な集団の描写や、２人がつかの間の幸福を味わう小豆島の風景も印象的だった。

ここにも注目　田中泯の存在感

原作も脚本も主な出演者も女性。田中哲司と劇団ひとりは、いずれも情けない役の映画で、異彩を放っていた男性出演者が、田中泯。

希和子と薫が記念写真を撮りに行く小豆島の写真館主という、原作には登場しない人物の役だ。

大詰め近くに、恵理菜と千草がこの写真館を訪ねる場面があり、ここでの展開は田中泯だから成り立ったと言えるほど、存在感が光っていた。

さまざまな演技賞を受賞した永作、井上、小池はもちろん、田中をはじめとする脇役陣、さらに子役まで、すきがないキャスティングだった。

▼キネマ旬報ベスト・テン５位。147分。カラー。

【Column】

怒りが原動力、深い森に一筋の光差す　不条理な世を問う石井裕也監督の戦い

「死んだものはもう帰ってこない。生きてるものは生きてることしか語らない」（埴谷雄高『永久革命者の悲哀』）。3年余りのコロナ禍の間に、親しい人を何人も失ったせいだろうか。20代で読んだ文章を思い出し、今の日本社会の雰囲気を言い当てているように感じた。つい数カ月前まで、新型コロナウイルスの感染者数・死者数が毎日発表されていたことなど、誰も覚えていないみたいだ。

本当にこれでいいのか。思い出したくないことは忘れ、難しいことは考えず、「生きてること」だけを語ればいいのか。そう問いかけ、この間に起きたさまざまな問題にこだわって、映画を作っている監督たちがいる。その1人が、石井裕也だ。

実際に起きた障害者殺傷事件を題材にした『**月**』、真面目な人間がばかを見る世の中への怒りが全編を貫く『**愛にイナズマ**』。この2本が2023年10月に相次いで公開されたのを機に、過去の作品を含めて、石井の仕事を紹介したい。是枝裕和、濱口竜介らと共に、これからの日本映画界を引っ張っていく存在だと思う。

石井は1983年生まれ。大阪芸大の卒業制作作品が、ぴあフィルムフェスティバルでグランプリを受賞、2009年の『**川の底からこんにちは**』で商業映画にデビューした。出版社の辞書編集部を舞台にした『**舟を編む**』（13年）が大ヒット。その後『**ぼくたちの家族**』『**バンクーバーの朝日**』『**町田くんの世界**』（本書18頁）『**アジアの天使**』など多彩な作品を発表してきた。

▼特長がよく表れた2作

作品の特質を大まかにまとめれば、以下の3点になる。

①社会の中で使い捨てにされ、無視されている人々への共感が、根底に流れている。②もがきながら生きる孤独な人物が主人公になることが多いが、突き抜けた明るさがあり、救いがない映画ではない。③俳優たちの魅力を引き出すのがとてもうまい。

特長がよく表れた作品を2本挙げたい。1本目は、

最果《さいはて》タヒの詩集に触発されて脚本を書いた石井が、具体的な人物やエピソードを創出した『**映画　夜空はいつでも最高密度の青空だ**』（17年、本書28頁）だ。オリンピックを控えた東京で、昼は看護師、夜はガールズバーでアルバイトをしている若い女性が、建設現場で日雇いの仕事をしている青年と出会い、お互いが不器用に、心を通わせていく。恋愛だけではなく、時代の空気がきちんと描かれているのは言うまでもない、

もう1本は、交通事故で夫を失い13歳の息子と暮らす母親が、コロナ禍に直撃されながら必死で生きていく姿を描いた『**茜色《あかねいろ》に焼かれる**』（21年、本書12頁）だ。事故の謝罪もせず金で解決しようとする〝上級国民〟と、セーフティーネットからこぼれ落ちる人々との格差や、同調圧力などへの怒りが基調になっている。

▼問題作『月』と今の日本を映す『愛にイナズマ』

新作2本についても触れておこう。『月』には、原作がある。作家、辺見庸が、16年に相模原市の知的障害者施設「津久井やまゆり園」で入所者19人が殺害された事件に想を得て執筆した小説だ。読む者も無傷でいられないほどの深い苦悩が、圧倒的な言葉の力で迫ってくるすごい小説だが、読んだ時は、映画になるとは想像できなかった。どのような経緯で映画が作られたのか？　角川文庫版の『月』の巻末に、石井が書いた解説が収められており、彼が辺見を「この世界で最も信頼できる言葉を持った人だと思っている」ことや、小説を読んだ後、商業映画のプロデューサーたちに読むのを薦めて回ったことが記されている。「今の僕たちの社会を考えるにあたって、この物語以上に重要なものがあるはずがない」からだ。石井はその後21年初頭になって、『新聞記者』などで知られる故・河村光庸プロデューサーからオファーされ、「撮らなければならない映画だと覚悟を決めた」のだという。

完成した映画を見て、感嘆した。深い森の奥にある重度障害者施設という舞台は、ベースになった事件とも小説とも重なる。だが、主役の元・有名作家（宮沢りえ）や夫の人形アニメーション作家（オダギリジョー）らは、映画で初めて登場するのだ。石井は、『映画　夜空は—』と同じように、原作の魂に共鳴し、人物とエピソードを新たに、そして見事に生み出した。宮沢、オダギリをはじめ、磯村勇斗、二階堂ふみの演技が緊張感に満ち、144分の上映時間を長いと感じさせない作品になった。原作に比べ優しさや希望が強まっている点に、評価が分かれるかもしれないが、筆

者はそれも含めてこの映画を支持したい。
『愛にイナズマ』も今の日本を映している。映画業界の理不尽な実態や、若い男女の恋愛、家族の再生を描いたこの映画は、コロナ禍の間、マスクの下に押し隠していた感情を解き放つ力がある。納得のいかないことには、怒りを爆発させていい。その怒りを燃料に、前へ進め！

そんな声が聞こえてきそうだ。これが、石井裕也の闘いなのだ。

（「Kyodo Weekly」2023・10・16号）

Ⅰ-2　21世紀の日本映画たち2001〜2010

2010年▼李相日監督

『悪人』
さまざまな表情が心に残る

出演＝妻夫木聡、深津絵里、満島ひかり、柄本明ほか

李相日監督『悪人』は、登場人物たちのさまざまな表情が心に残る。

主演の妻夫木聡と深津絵里だけではない。〝汚れ役〟の満島ひかり、岡田将生。脇を固める柄本明、樹木希林。さらに、一瞬しか出ない俳優ですら、何人もの表情を鮮明に覚えている。人間の感情を、それほど深い所で捉えているためだろう。『ドライブ・マイ・カー』で日本映画に興味を持った海外の映画ファンにも、ぜひ観てもらいたい作品だ。

清水祐一（妻夫木）は幼い頃、母に捨てられ、長崎の漁村で祖父母と一緒に暮らしている。土木作業員をしながら、老人の面倒を見る日々。同世代の友人もいない彼にとって、出会い系サイトが外界とつながる道だ。

ある夜、サイトで知り合った保険外交員、石橋佳乃（満島）と連絡を取った彼は、彼女が住む福岡まで車を飛ばす。だが、待ち合わせ場所に、佳乃の知人の大学生、増尾（岡田）が偶然現れ、約束をキャンセルされる。

喜々として増尾の車に乗り込む佳乃に、カッとなった祐一は、2人を追跡。さらに、不幸な偶然が重なり、衝動的に佳乃を殺害してしまう。

※『『悪人』スタンダード・エディション』
DVD 発売中　4,180 円（税抜価格 3,800 円）　発売元：アミューズソフト　販売元：東宝

※

偶然を、わざとらしく感じさせず、巧みに使った導入部が見事だ。あっという間に、取り返しのつかない悲劇が起き、その後、映画の中核を成す物語——祐一と、佐賀の紳士服量販店で働く馬込光代（深津）との出会いと逃避行——が始まる。

深津が素晴らしい。生まれ育った地域から離れた経験がなく、もはや若さを謳歌できる年齢でもない。そんな光代の屈折した気持ちを見事に表現している。光代は本気で誰かと出会いたくて、サイトを通して祐一に会う。そして、罪を告白した年下の青年を、聖母のように受け入れる。

地方に暮らす若者たちの孤独や、未来に希望が見えない閉塞感が切実に伝わってくる。いったい、誰が本当の「悪人」なのだろうか。

「大切な人はおると？」。娘を失った父親（柄本）は、自らの行為が悲劇を誘発したのに、それを全く反省していない大学生に詰め寄る。人はいつも、大事なことに気付かない。気付いた時には、もう遅いのだ。

ここにも注目　『流浪の月』も話題に

『悪人』の原作は吉田修一の新聞連載小説。映画の脚本も、吉田と監督の李相日が共同で執筆している。

李は1974年、新潟県生まれ。神奈川大卒業後に、日本映画学校（現・日本映画大）に入学。卒業制作作品『青〜chong〜』が高い評価を受けた。主な作品に『フラガール』『許されざる者』、やはり吉田修一原作の『怒り』など。

社会性を取り入れたメジャー作品を撮れる力があり、広瀬すず、松坂桃李主演の『流浪の月』も、2人の俳優の代表作と言える出来栄えだ。

▼モントリオール世界映画祭で最優秀女優賞（深津絵里）。キネマ旬報ベスト・テン1位。139分。

『海炭市叙景』
胸に刺さる五つの物語

出演＝谷村美月、加瀬亮、南果歩、小林薫ほか

熊切和嘉監督『海炭市叙景』は、架空の町、海炭市を舞台に、さまざまな問題を抱えながら生きる人々の五つの物語から成るオムニバス映画だ。

1990年に41歳で死去した作家、佐藤泰志の未完の連作短編小説が原作。佐藤の故郷で、海炭市のモデルとなった北海道函館市の市民たちが企画、全編を地元で撮影した地方色豊かな作品だ。

その冬、海炭市の造船所が一部閉鎖され、颯太（竹原ピストル）は解雇される。小学生の時、父を造船所の事故で失った颯太は、妹の帆波（谷村美月）と2人暮らし。初日の出を一緒に見ようとロープウエーで山に登ったが、帰りの切符を2枚買う金がなく、颯太は歩いて下りることにする。

この最初のエピソードの後、地域開発のために立ち退きを迫られている独り暮らしの高齢女性（中里あき）の飼い猫がいなくなる第2話、プラネタリウムに勤める隆三（小林薫）が夜の仕事をしている妻、春代（南果歩）に嫉妬、店に乗り込もうとする第3話が続く。

五つの物語で一番時間が長く、内容的にも複雑なのは、父親からガス会社を引き継いだ晴夫（加瀬亮）が主人公の第4話。新規事業を始めようとしてうまくいかず、家庭では再婚した妻による自分の息子への虐待に気づき、妻に暴力を振るってしまう。ベテランの女性従業員が「ちゃんとした方がい

※『海炭市叙景』
販売元：ブロードウェイ　BD価格：5,280円（税込）　DVD価格：4,180円（税込）©2010佐藤泰志／『海炭市叙景』製作委員会

※

いです」と心配してくれるが、自分ではどうにもならないのだ。

それぞれのエピソードは微妙に関連があるが、太い一本の線が貫いているわけではない。だが、第5話に路面電車という要素を入れたことで、ばらばらだった話がつながっていく。宇治田隆史の脚本は鮮やかだ。

２０１０年公開のこの映画が、『そこのみにて光輝く』（14年）から『夜、鳥たちが啼く』（22年）に至る佐藤文学映画化の先駆けになった。リストラ、高齢者の孤独、家庭内暴力。扱われているテーマは深刻で、恋愛もなく、一連の作品の中で最も苦いのだが、絶望的な映画ではない。それは、函館の町の風やにおい、そこで暮らす人々の日常がしっかり描かれているせいだろう。架空の町の作り事ではない重さが胸に刺さる。

ここにも注目　熊切監督、ほかの作品

監督の熊切和嘉は１９７４年、北海道帯広市生まれ。大阪芸大の卒業制作作品『鬼畜大宴会』が劇場公開され、ベルリン国際映画祭で上映されるなど話題になった。

熊切は、『海炭市叙景』の撮影に当たり、北海道のイメージを大切にしながら、観光映画にはせずに「人生の喜びと悲しみを丸ごとフィルムに焼き付けられたら」と、映画の公式サイトにメッセージを記している。それが実った作品になった。

ほかの主な監督作に『青春☆金属バット』『夏の終り』『私の男』など。『＃マンホール』が２０２３年２月に公開された。

▼キネマ旬報ベスト・テン９位。152分。カラー。

2009年▼根岸吉太郎監督

『ヴィヨンの妻〜桜桃とタンポポ〜』

太宰治とその愛に迫る

出演＝松たか子、浅野忠信、室井滋、伊武雅刀ほか

太宰治の短編小説を映像化すると同時に、生身の太宰に迫り、彼を愛した女性の思いも描く。根岸吉太郎監督『ヴィヨンの妻〜桜桃とタンポポ〜』は、作り手たちのそうした意図がうまく実を結んだ作品だ。フィクションなのに、まるで太宰の伝記映画を見ているような気持ちになる。

１９４６年12月、戦後の混乱が続く東京。作家の大谷穣治（浅野忠信）は、妻、佐知（松たか子）と2歳の長男を家に残し、毎晩飲み歩いている。ある夜、慌ただしく帰宅した大谷を追って、小料理店を営む夫婦（伊武雅刀、室井滋）が乗り込んでくる。大谷が店の金を奪ったのだ。

大谷をかばうために、佐知は翌日から小料理店で働き始める。その店には、大谷に身も心も金もささげた秋子（広末涼子）が通ってきている。

明るく美しい佐知は店で人気者になり、彼女目当てに通ってくる客も増える。旋盤工の岡田（妻夫木聡）もその一人だ。

一方、売れっ子の小説家でありながら「死にたくてしょうがない」という大谷は、恐怖から逃れるために大酒を飲み、周囲の人々に迷惑をかけ続ける。そして、自分は妻以外の女性と平気で関係を持つくせに、佐知が岡田と親しくしていると嫉妬する。まさに、自分勝手な最低の男なのだ。

※『ヴィヨンの妻 〜桜桃とタンポポ〜』
DVD: ¥5,170（税込） 発売元：フジテレビジョン 販売元：ポニーキャニオン

※

田中陽造の脚本が素晴らしい。『ヴィヨンの妻』をベースに太宰の複数の小説を融合。佐知が大谷と結婚するきっかけになったエピソードなどを通して、大谷が持つ純粋さや優しさを印象的に描き出す。それは〝最低〟の自分をさらけ出しながら、命懸けで小説を書いた作家、太宰へのリスペクトでもあるのだろう。

浅野が破滅に向かって突き進む大谷を好演。「体がだるくなるような素直さと、泥沼をきっと一つ持っている」と、大谷が評する佐知を、松が、鮮やかに演じきった。

「私たちは、生きていさえすればいいのよ」。小説『ヴィヨンの妻』のラストの言葉が、映画でも効果的に使われている。だが、この小説を発表した翌年、太宰は愛人と入水心中。38歳で死去した。あの言葉を書いた人がなぜ？　くらくら目まいがしてきそうになる。

ここにも注目　フランソワ・ヴィヨン

大谷が書いた「フランソワ・ヴィヨン」という論文が雑誌に掲載されたのを、佐知は電車内の広告で知る。原作の記述が、映画でもそのまま映像になっている。

ヴィヨンは、無頼、放浪の生活を送った15世紀のフランスの詩人。破滅的な大谷のイメージと重なることから、太宰は、佐知を語り手にした小説のタイトルを「ヴィヨンの妻」としたのだろう。

「女には幸福も不幸もないものです」「男には不幸だけがあるんです」。原作中の大谷の言葉も映画で使われているが、筆者はこの意見には同意できない。

▼モントリオール世界映画祭で監督賞受賞。キネマ旬報ベスト・テン2位。114分。カラー。

2009年▼西川美和監督

『ディア・ドクター』懐かしさを感じる人間喜劇

出演＝笑福亭鶴瓶、瑛太、余貴美子、八千草薫ほか

西川美和監督『ディア・ドクター』は、過疎の村で起きた偽医者騒動を描いた作品だ。高齢社会におけるへき地医療の在り方という現在的なテーマを扱っているが、映画のトーンは優しく懐かしい。井伏鱒二の小説『多甚古村』や、久松静児監督の映画『警察日記』に通じるオーソドックスな人間喜劇だ。

高齢者が住民の大半を占める山あいの村、神和田村。村営診療所の医者、伊野（笑福亭鶴瓶）が失踪し、村は大騒ぎになる。

無医村状態が続いていた村に3年前にやってきた伊野は、丁寧な診察と気さくな人柄で、村長（笹野高史）をはじめ村民たちに親しまれ、尊敬されていた。

村の依頼でやってきた2人組の刑事（松重豊、岩松了）が捜索を開始。診療所勤務のベテラン看護師、大竹（余貴美子）や、数カ月前から伊野の下で働いていた研修医の相馬（瑛太）らに事情を聴く。調べを進めるうちに、伊野が偽医者だったことが分かる……。

鶴瓶の初主演映画。自ら脚本を書いた西川は、ＮＨＫの長寿番組「鶴瓶の家族に乾杯」などでおなじみの彼のキャラクターを生かし、無理な演技をしなくてもいい役を、巧みに創出している。

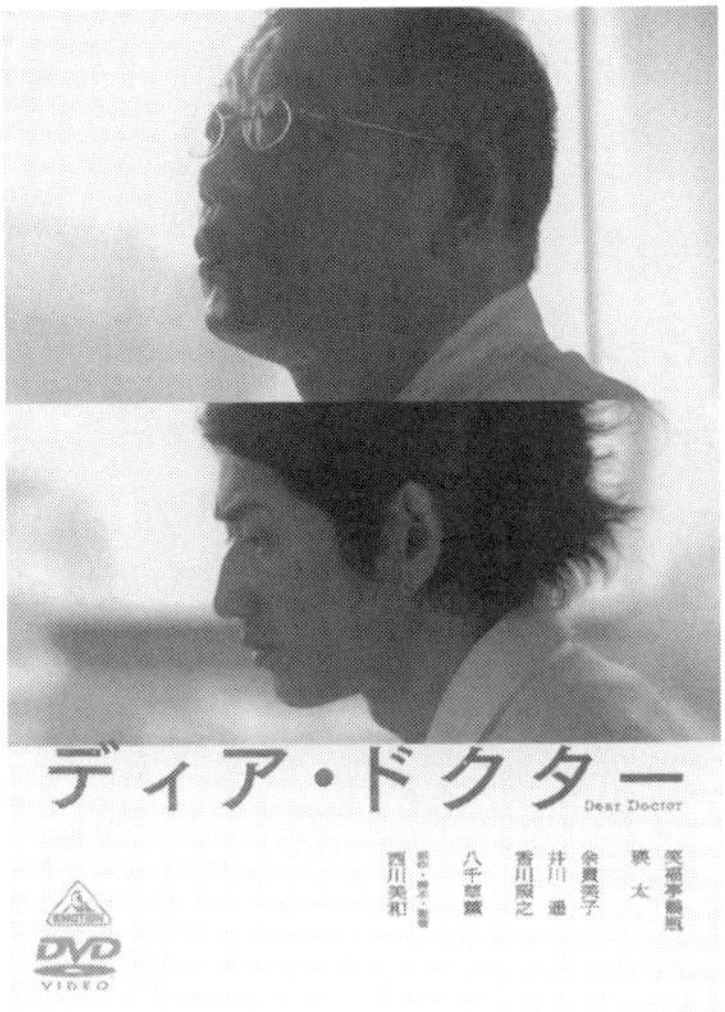

※

伊野は、胃に病を持つ1人暮らしの上品な女性、鳥飼かづ子（八千草薫）から「離れて暮らす娘たちに、病気を隠したい。一緒にうそをついてほしい」と頼まれ、それを引き受けたことから、自ら窮地に追い込まれる。2人の場面は過剰にドラマチックにはせず、努めて自然に描き、鶴瓶の良さを引き出している。

脇をがっちり固めたのは、看護師、大竹役の余と、製薬会社の営業マン、斎門役の香川照之だ。伊野が偽医者であることを見破り、にもかかわらず、黙って伊野を支え続ける大竹。伊野の正体を知りながら、偽医者になった動機の純粋さは信じる斎門。2人の見せ場が、そのまま映画のヤマ場になっている。

偽医者はもちろん犯罪だが、伊野の行為は許されない悪だったのだろうか。病気を治すだけが医者の仕事なのか。西川は映画のラストで、明確に伊野を擁護している。その潔さが、作品に力を与えている。

ここにも注目　多彩な役に挑戦

笑福亭鶴瓶は笑福亭松鶴門下の落語家で、若い頃はアフロヘアで有名だったことを、知らない若い人も多いかもしれない。

テレビのバラエティー番組や司会で活躍しながら、俳優業にも進出。『ディア・ドクター』主演後も、山田洋次監督『おとうと』など、数多くの映画に出演している。

２０１９年の平山秀幸監督『閉鎖病棟　それぞれの朝』では死刑執行の失敗で生き延びた男の役で主演。22年春にＮＨＫＢＳプレミアムで放送されたドラマ『しずかちゃんとパパ』では、ろう者の役で主演するなど、近年は役の幅を広げている。

▼キネマ旬報ベスト・テン1位。127分。カラー。

2009年▼若松節朗監督

『沈まぬ太陽』大事故生んだ組織の腐敗

出演＝渡辺謙、三浦友和、松雪泰子、鈴木京香ほか

人を大切にしない組織は結局だめになっていく。多くの命を奪った悲惨な航空機事故と、大惨事を引き起こした航空会社の腐敗を描いた若松節朗監督『沈まぬ太陽』を観て、改めてそう思った。

1962年、恩地元（渡辺謙）は、日本を代表する航空会社「国民航空」の労働組合で委員長を務めていた。恩地は、副委員長の行天四郎（三浦友和）らと共に、賃金アップや労働条件の改善を求めて会社側と交渉。労務担当の八馬（西村雅彦、現在まさ彦）らと激しく対立する。

組合のストライキ通告が、訪欧中の首相の帰国便と重なったことで、会社側は組合の要求をのむが、その後、徹底的な組合つぶしを始める。

2年後、恩地はパキスタンのカラチに左遷され、テヘラン、ナイロビと海外をたらい回しにされる。対照的に、組合の仲間を裏切り、出世の道を選んだ行天は「形だけでいいから会社にわび状を書け」と恩地に勧める。

2人が再会するのは85年夏。国民航空のジャンボ機が墜落事故を起こした後だ。遺族係として、家族を失った人々に誠実に向き合う恩地。事態を収めることしか考えない行天。かつて同じ場所にいた2人は、今や全く別な所に立っているのだ。

※『沈まぬ太陽　スタンダード・エディション（2枚組）』
DVD 発売中　4,620 円（税抜価格 4,200 円）　発売元：角川映画　販売元：東宝

※

原作は、山崎豊子の長編小説。520人が死亡した日航ジャンボ機墜落事故がモデルで、恩地と同じような処遇を受けた元組合幹部が同社に存在したのも事実だが、ノンフィクションではない。『白い巨塔』や『華麗なる一族』と同じく、徹底した取材に基づいて執筆した社会派小説なのだ。

文庫本で5冊にもなる長編を、3時間余の映画に収めた若松の手並みは鮮やかだ。衝撃的な事故の裏側にどのような人間ドラマがあったのか、アップを効果的に使って、分かりやすく見せた。

主役の渡辺、敵役の三浦が好演。遺族役の宇津井健、木村多江、事故後に国民航空会長になる国見を演じた石坂浩二ら、印象に残る俳優も多い。

札束で頬を張るような遺族との交渉、金と女性で官僚を抱き込む悪巧み。組織防衛という建前で良心をまひさせた人間たちのおごりは、近年、別の場面で見た光景に重なる。真っすぐに生きていくのは難しい。

ここにも注目　寂しい男になったな

企業内の権力抗争を描いた映画には、会社勤めの経験者には胸をつかれるようなせりふがある。「君は会社に必要な人間だ。我慢してくれ。2年で戻すと約束する」。恩地を左遷する時、社長が説得する言葉だ。その後、恩地は10年以上、海外をたらい回しになる。

「会社を変えたければ力を持つことだ」。これは組合時代には恩地とコンビだった行天に、恩地とたもとを分かつように説得する役員の言葉だ。

その言葉に従い社内で役員にまでなった行天に、恩地は言う。「寂しい男になったな」。その通りだ。

▼キネマ旬報ベスト・テン5位。202分（10分間の途中休憩を含む）。カラー。

2009年▼入江悠監督

『SR　サイタマノラッパー』

ほろ苦くて優しい青春映画

出演＝駒木根隆介、みひろ、水沢紳吾、奥野瑛太ほか

あの頃は、明日のことなんか、何も考えていなかったな——。ラッパーを目指す地方の若者の鬱屈した青春を描いた入江悠監督『SR　サイタマノラッパー』を見て、半世紀以上も前の自分を思い出した。

舞台は「SAITAMA」の「FUKUYA」。深谷ねぎで有名な埼玉県深谷市がモデルだ。ライブハウスもない町にも、ラップ音楽に憧れる若者たちはいる。イック（駒木根隆介）もその一人だ。高校を卒業後、仕事をせずに実家でごろごろしている〝ニートラッパー〟の彼は、親友のトム（水沢紳吾）や後輩のマイティ（奥野瑛太）らと「SHO—GUNG」というグループを結成。ライブを開くために、病気療養中の先輩に曲作りを頼む。

ある日、スーパーの書籍売り場で求人雑誌を求めたイックは高校の同級生だった千夏（みひろ）と出会い、驚く。千夏は高校を中退、東京でアダルトビデオに出演したが、故郷に戻ってきたのだ。

イックやトムやマイティは一見、柄が悪くて、あまり近づきたくないタイプだし、全てが「洗練」の対極にあるような映画だが、だんだん優しい気持ちになっていく。彼らが本当にどうしようもないワルではなく、純な心の持ち主であることが伝わってくるからだ。

※『SR　サイタマノラッパー』
発売・販売：アミューズソフト　3,800円（税抜）／4,180円（税込）

※

公民館の「若者と市民の集い」に呼ばれた「SHO―GUNG」が、ラップに全く興味がない参加者の前で演奏する場面。千夏について下品な言葉を吐く先輩たちに、イックが精いっぱいの勇気を奮って反発する場面。ほろ苦いユーモアと哀愁を感じさせるのが、この作品の最大の魅力だ。

ラップは若者にとって、怒りを表現する音楽だともいう。劇中でも、曲作りがうまくいかないイックが、中学の時はもっと怒っていたのにと、トムにぼやく場面がある。

きっと、皆そんなふうに、自分の中のいろんな感情と向き合いながら、別れや身近な人の死を体験して、大人になっていくのだ。イック頑張れ！ 明日のことなんか考えず、夢をあきらめるな！ 思わず、そう声をかけたくなる。ラップになじみがない人でも十分楽しめる、掘り出し物の青春映画だ。

ここにも注目　北関東3部作

2009年公開の『SR サイタマノラッパー』は、ゆうばり国際ファンタスティック映画祭グランプリなど各賞を受賞。翌年には群馬県を舞台に、山田真歩、安藤サクラらが演じる女性ラッパーたちを主人公にした続編も公開された。

12年には、栃木県を舞台にマイティ（奥野瑛太）を主役にした3作目も公開。1～3作は、北関東3部作と呼ばれた。

17年には、イック、トム、マイティが東北地方を歩くテレビドラマが放送されるなど、『SR』がいかに若者の共感を呼んだかが分かる。

▼81分。カラー。

『カムイ外伝』

崔洋一監督、最後の劇映画

出演＝松山ケンイチ、小雪、小林薫、伊藤英明ほか

『カムイ外伝』は、2022年に73歳で亡くなった崔洋一監督の、最後の劇映画だ。大きな期待を集めて製作されたが、興行的に失敗。その後、新作を撮れなかった一因になった。追悼の思いを込めてDVDで見直した。中盤以降に破綻があり、彼の代表作とは言えないと思った。だが、スピーディーで緊張感に満ちた序盤をはじめ、随所に一級品の輝きがあるのも確かだ。

冒頭に白土三平の原作漫画の絵と「十七世紀日本　徳川時代」という文字が映され、山崎努のナレーションが重なる。

「貧しい村で一人の男が生を受けた。男の名前はカムイ。理不尽な階級社会の最下層で少年はたくましく育った」。自由を求めて村を出た彼は忍者となり、さらにおきてに縛られた集団も抜け、追っ手に狙われる。「それでもカムイは逃げ続ける。生きるために」。その言葉と同時に、絵の顔が実写のカムイ（松山ケンイチ）の顔に変わる。

鮮やかなオープニングに次いで、忍者同士の壮絶な戦闘場面が続く。少年のカムイが女忍者スガル（小雪）を追い詰める戦い。14年後のカムイと追っ手との戦い。妖気が漂う殿様（佐藤浩市）や殿様の馬を殺す漁師、半兵衛（小林薫）も登場。カムイがスガルに再会するまでの物語が、わずか25分で

描かれる。

残念なのは、個々のエピソードを丁寧に描こうとしたあまり、物語が拡散し停滞してしまったことだ。不動（伊藤英明）が率いるサメ退治の集団、渡り衆の登場以降は、本筋が見えにくくなる。海のシーンでのVFX（視覚効果）も逆効果だった。特撮ではなくもっと人間ドラマに集中していればと思うが、大掛かりな準備で始めた映画の方針を、簡単に変更するのは難しかったのだろう。

同じく白土三平の漫画を映画化した大島渚監督『忍者武芸帳』（１９６７年）が実験的で、徹底的に反権力のメッセージを貫いたのに比べ、巨大な敵が見えにくいのは、原作の違いや脚本、映画の規模など複合的な要因のためだろう。そうした事情をもっと取材したかった。亡くなる直前まで新作の構想を温めていただけに、崔洋一の次作が観られないことが、悔しくてならない。

ここにも注目　他作品のＤＶＤ発売を望む

崔洋一監督作品は『十階のモスキート』『友よ、静かに瞑《ねむ》れ』『月はどっちに出ている』『犬、走る　ＤＯＧ　ＲＡＣＥ』『血と骨』の５本を、このコラムシリーズで紹介してきた。

監督の死後、自ら「大切な作品」と語っていた『マークスの山』を取り上げようとして、ＤＶＤ化されていないのを知った。廃盤ビデオがインターネット上で売買されている状況だ。キネマ旬報ベスト・テン２位の『刑務所の中』も、小澤征悦主演の『豚の報い』も、現在はＤＶＤが発売されていない。作品がもっと観やすくなることを望みたい。

▼120分。カラー。
ＤＶＤ、ブルーレイが松竹から販売中。

2008年▼濱口竜介監督

『PASSION』

濱口監督の原点がある

出演＝河井青葉、岡本竜太、占部房子、岡部尚ほか

『PASSION』は『ドライブ・マイ・カー』で米アカデミー賞国際長編映画賞を受賞した濱口竜介監督が、世界の映画界に認められるきっかけになった作品だ。

東京芸術大大学院在学中に自ら脚本を書き、監督した長編映画は、学生映画というイメージをはるかに超えているだけでなく、既に監督の個性がはっきりと表れている。

『ドライブ・マイ・カー』で濱口作品に興味を抱いた人は、2021年のベルリン国際映画祭で銀熊賞を受賞した『偶然と想像』と合わせて、ぜひ観てほしい。

果歩（河井青葉）の29歳の誕生日を祝って、10代の頃からの友人らがレストランに集まる。総勢6人の席で、果歩が智也（岡本竜太）と結婚することを発表。果歩を好きな健一郎（岡部尚）は動揺し、智也と関係があった女性は泣き出してしまう。食事後、智也と健一郎、毅（渋川清彦）の3人は、バスに乗って貴子（占部房子）のマンションに行く。

健一郎は貴子と2人でペットの猫の埋葬をする仲だが、智也と貴子の間にも微妙な感情がある。さらに、マンションを訪れた貴子のおばに毅が一目ぼれし……。

全編を通して描かれるのは、求め合い、すれ違う男女の姿だ。彼らは、不確かな「愛」を確かなも

※『PASSION』

※

のにしたくて、洪水のように言葉を費やすが、それは同時に言葉のむなしさも際立たせてしまう。迷い疲れ切った彼らは結局、自分を見つめ直すことしかないと気付く。

内容を文章にすると、『ドライブ・マイ・カー』と似ている部分があるのがよく分かる。恋愛を通して自分自身に出会う——。それが濱口作品を貫くテーマの一つなのだ。

印象的な映像も多い。走る場面、バスの車内、歩道橋。いかにも濱口作品らしい映像もいいが、圧巻なのは、夜明けの工場を背景にしたシーンだ。健一郎が果歩に愛を告白し、キスし……。そこで唐突に大型トラックが2人の背後に迫ってくる。

理屈っぽく、しゃべりすぎる映画は、自分を見ているようで苦手なのだが、夜明けの空気感や工場の煙と、2人のドラマが見事に重なったこの場面には脱帽した。名場面だった。

ここにも注目　海外で高い評価

『PASSION』がスペインのサンセバスチャン国際映画祭に出品されるなど、濱口作品は初期から、海外の映画祭で高い評価を得てきた。

内省的な独自のスタイルは、従来の日本映画の枠を超えて支持を拡大。2015年に『ハッピーアワー』がスイスのロカルノ国際映画祭で最優秀女優賞。21年に『偶然と想像』がベルリン国際映画祭で銀熊賞。さらに『ドライブ・マイ・カー』が、同年のカンヌ国際映画祭脚本賞と22年の米アカデミー賞国際長編映画賞を受賞。濱口は今や、世界の映画ファンの注目を集める監督となった。

▼115分。カラー。
ほかの5作品と共に収録されたDVD『東京藝術大学大学院映像研究科第二期生修了作品集2008』が東京芸術大学出版会から販売中。

2008年▼製作・監督・撮影・編集＝坂田雅子

『花はどこへいった』

戦争は人間を悪魔にする

音楽＝難波正司

戦争は、終わった後も長い間、人々を苦しめ続ける。

坂田雅子監督『花はどこへいった』は、ベトナム戦争中に米軍が散布した枯れ葉剤が、今もなお深刻な被害を引き起こしている実態を、丁寧な取材で伝えるドキュメンタリー映画だ。

映画製作のきっかけは、坂田の夫で写真家のグレッグ・デイビスが、2003年、54歳で肝臓がんのために急死したことだった。彼の死が、1967～70年に米軍兵士として従軍したベトナムで浴びた枯れ葉剤が原因ではないか、と友人から指摘された坂田は、映像制作を一から学び、ベトナムに向かう。現地で坂田が目の当たりにしたのは、猛毒のダイオキシンを含む枯れ葉剤の影響で、出生時から重い障害がある子どもたちだった。

眼球がない子ども、両足がない子ども、「頭が二つある」子ども……。かつて枯れ葉剤被害の象徴的な存在として日本でも大きく報道された「ベトちゃんドクちゃん」を思い出すようなショッキングな映像だが、決してセンセーショナルな取り上げ方ではない。

坂田のカメラは、子どもたちのありのままの姿を直視し、彼らに愛情を注ぎ懸命に育てている親や、献身的な支援活動を続ける女性産婦人科医師らに真摯に向き合う。なぜ、彼らがこんなに悲惨な目に

※『花はどこへいった』
販売元：リガード　4,180円（税込）

※

遭わなければならないのか。ジョーン・バエズが歌う「雨を汚したのは 誰」をバックに、映し出されるベトナムの田園風景が胸に染みる。

それにしても、戦争に勝つために、敵の隠れ場になる樹木を枯らし、食料となる農作物を汚染する化学物質を作るとは、何と恐ろしい発想だろう。しかも、それを、普通の人々が生活している地域に、10年間にわたって大量に散布し続けた。戦争は、かくも人間を悪魔にするものなのだ。

2008年に岩波ホールで公開され、毎日映画コンクールでドキュメンタリー映画賞を受賞するなど高い評価を受けた。小さな作品だが、戦争という巨大な悪への怒りと、懸命に生きる庶民への共感と、そして何よりも、30年余りの歳月を共に歩んできた夫への愛情が、静かに力強く伝わってくる。

ここにも注目　被害者の今を伝える新作も

『花はどこへいった』に続く『沈黙の春を生きて』（2011年）で、坂田監督は、夫と同じようにベトナム戦争に従軍した米軍兵士が枯れ葉剤の被害に遭い、後遺症が子や孫の世代にも及んでいる実態を描いた。

坂田の新作は、22年8月公開の『失われた時の中で』。『花は―』で訪ねたベトナムの被害者や支援を続ける医師らを再訪。ベトナム国内の現状を伝えるとともに、フランス在住の元ジャーナリストが、米政府と枯れ葉剤を製造した米化学企業を訴えた裁判の経緯などを紹介している。

▼71分。カラー。

2008年▼是枝裕和監督

『歩いても　歩いても』
心に染みる家族の物語

出演＝阿部寛、夏川結衣、樹木希林、原田芳雄ほか

是枝裕和監督『歩いても　歩いても』は、優しくて、ほろ苦くて、心に染みる家族の物語だ。母親に置き去りにされた子どもたちを描いた『誰も知らない』や、万引で生計を立てる『万引き家族』のような特別な家族を扱っているわけではない。是枝作品の中では地味だが、好きな一本だ。

絵画修復士の良多（阿部寛）は失業中。妻ゆかり（夏川結衣）と息子あつし（田中祥平）を連れて、海に近い高台の町にある実家に行くところだ。今日は、15年前に死んだ兄の命日なのだ。

開業医を引退した父、恭平（原田芳雄）と母、とし子（樹木希林）が暮らす実家には、姉のちなみ（YOU）も、夫（高橋和也）と2人の子どもと一緒に訪れている。

それからの2日間を描く映画の中で、大事件が起きるわけではない。だが、ドラマが進むにつれ、ゆかりは夫と死別後、前夫との子どものあつしを連れて良多と再婚したことや、良多の兄が死んだ理由などが、次第に明らかになってくる。同時に、一堂に会した家族の間の、微妙な感情的な問題が見えてくる。

感心するのは、説明的なせりふに頼らないことだ。例えば、良多の兄の好物だったトウモロコシのかき揚げを全員で食べるシーンからは、言葉以上のさまざまな感情が雄弁に伝わってくる。さりげ

※

ない歯ブラシとタオルの映像が後で生きてくるなど、無駄な場面は全くない。周到な計算が全編を貫いている。

原田が気難しい父親を抑制して演じ、樹木が明るいが、しばしば毒のある言葉を発する母親を生き生きと演じている。母親が、父親の過去の過ちを決して許していないことが分かる場面では、思わず噴き出し、その後背筋が寒くなった。

このとき流れる「思い出の歌謡曲」が、映画の題名にもつながるので、詳しく書かないが、ここでの樹木の語りと、風呂に浸かってそれを聞く原田の表情が絶品だった。

今作でも、是枝作品の特長である子どもの使い方のうまさが光る。母親にも義理の父親とその家族にも気を使うあつしの、けなげな独白に、思わずほろりとしてしまった。

ここにも注目　カンヌに愛される監督

是枝裕和は映画監督デビュー作『幻の光』（1995年）がベネチア国際映画祭で撮影賞を受賞するなど、当初から国際的な評価が高い監督だ。

2004年のカンヌ国際映画祭では、『誰も知らない』に主演した柳楽優弥が男優賞を受賞。以来、カンヌでは『そして父になる』（13年）が審査員賞、『万引き家族』（18年）が最高賞のパルムドール、『ベイビー・ブローカー』（22年）ではソン・ガンホが男優賞、と受賞を重ねてきた。

23年のカンヌ出品作『怪物』でも坂元裕二が脚本賞を受賞した。まさにカンヌに愛される監督と言えるだろう。

▼キネマ旬報ベスト・テン5位。114分。カラー。

2007年▼大島新監督

『シアトリカル　唐十郎と劇団唐組の記録』

魔術の裏側をのぞき込む

出演＝唐十郎、鳥山昌克、久保井研、藤井由紀ほか

20歳の頃、唐十郎は憧れの人だった。唐が当時主宰していた状況劇場の紅《あか》テント公演を観て、唐や李礼仙（後に李麗仙と改名）、麿赤児、四谷シモンらの熱気あふれるあやしい芝居に心を奪われ、劇団員になりたいと思ったこともあった。

大島新監督『シアトリカル　唐十郎と劇団唐組の記録』は、そうした古くからのファンはもちろん、唐をそれほど知らない人でも楽しめる、スリリングで面白いドキュメンタリー映画だ。

２００６年秋、劇団唐組の座長である唐が、春の公演のための新作戯曲『行商人ネモ』を書き上げたところから、映画は始まる。このとき、唐は66歳。劇団員14人の平均年齢は30歳。完成した戯曲を、稽古場に待機していた団員らに披露。その後、中心メンバーである鳥山昌克ら３人を引き連れて居酒屋に行く。

ここで、最初の見せ場がいきなりやってくる。

入団4年目、27歳の若い俳優、高木宏に「俳優ってどんなものだ？」と尋ねた唐は、高木が真面目に答えた後、立ち上がる。店を出て近くのコインランドリーまで疾走。奥にあるシャワールームで、服を着たまま頭からシャワーを浴び始める。さらに、追いかけてきた３人の俳優も一緒にシャワーを

※『シアトリカル　唐十郎と劇団唐組の記録』
発売元：いまじん　4,180円（税込）

真実か、白昼夢か

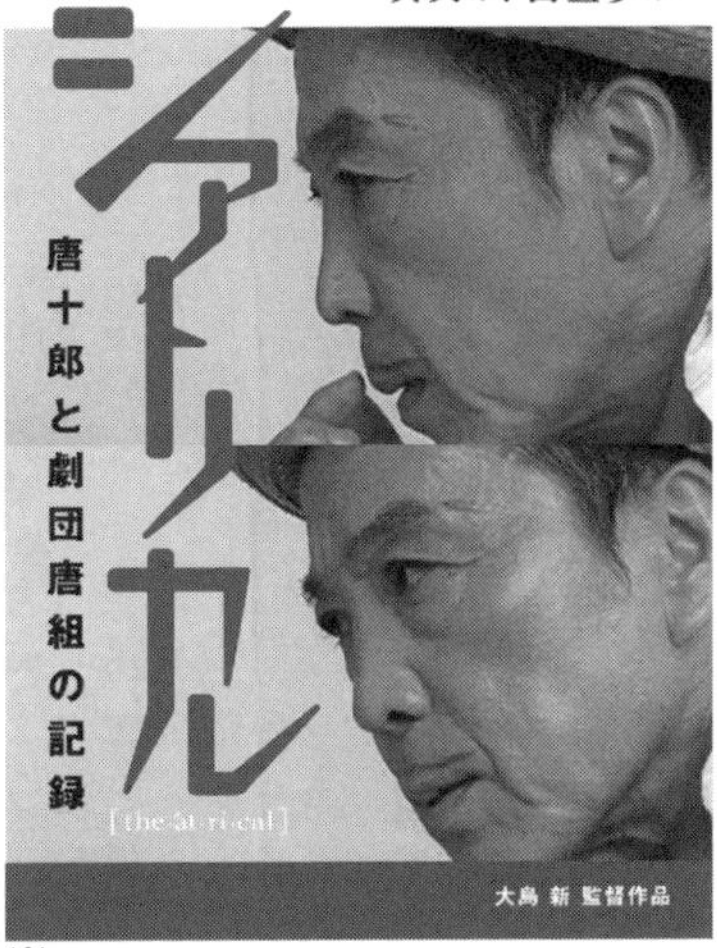

※

浴びさせ、こう言う。「これが俳優だ」

この時点で、映画の題名、シアトリカル（演劇的）の意味に気付く。どこまでが現実で、どこからが映画のカメラを意識した唐の演技なのか。虚実が入り交じり、日常と芝居の境がなくなっていく。映画の中の唐の言葉を借りれば、「現在形でどこまでも歩いていく」舞台の時間に引きずり込まれていくのだ。

劇団員のインタビュー、新年会、稽古……。さまざまな場面を通して強く伝わってくるのは、劇団員たちが唐に心酔し、自分自身の人生を唐組にささげている事実だ。それは、唐の偉大な才能の証明でもあるのだろう。

「ドキュメンタリーは終わり方が大事だ」と大島監督から聞いたことがある。映画はその言葉にふさわしい、見事なエンディングを迎える。唐十郎の魔術的世界を、裏側からのぞき込むことができたような感覚が残る。

ここにも注目　親子2代で唐を撮る

『シアトリカル』の中では、監督の質問に唐十郎が怒り出す場面がある。こうして撮る者と撮られる者との緊張感が感じられるのも、作品の魅力になっている。『なぜ君は総理大臣になれないのか』『香川1区』など、ほかの大島新作品にも共通する特長だ。

監督の父親、大島渚は横尾忠則主演『新宿泥棒日記』（1969年）で、唐十郎や状況劇場のメンバーを本人役として起用。アンダーグラウンド文化を象徴する重要な役割を担わせた。親子2代の映画監督が、唐十郎を選んだのが興味深い。

▼102分。カラー。

2006年▼せんぼんよしこ監督

『赤い鯨と白い蛇』

世代を超え女性がつながる

出演＝香川京子、浅田美代子、宮地真緒、樹木希林ほか

せんぼんよしこ監督『赤い鯨と白い蛇』は、世代が異なる5人の女性たちの交流を通して、戦争の記憶を次代に伝えていくことの大切さを静かに訴えかける作品だ。

監督が女性、せりふがある登場人物も全て女性という徹底した〝女性映画〟だが、男性である筆者もすんなりと物語に引き込まれた。よく練られた脚本、絶妙な配役、自然な演技を引き出した繊細な演出の成果だろう。

雨見保江（香川京子）は老境に入り、物忘れがひどくなった。息子との同居を決め、孫の明美（宮地真緒）の付き添いで、千葉県に住む息子宅に向かっていた保江は、館山で途中下車したいと言い出す。戦争中に疎開し、戦後も5年間住んでいた場所を、約60年ぶりに訪ねたいと言うのだ。

保江がかつて暮らしていたかやぶきの大きな家はそのまま残っており、河原光子（浅田美代子）と小学生の娘、里香（坂野真理）が住んでいた。母子は来訪者を温かく迎え入れ、2人は家に泊まることになった。さらに、以前この家を借りていたという大原美土里（樹木希林）が突然現れ……。

70代の祖母と20代の孫娘。おそらく40代の母親と10代の娘。50代に見える美土里。彼女らは年齢相応の悩みや、それぞれの問題を抱えている。そして、保江が埋もれていた「白い蛇」の記憶を思い出

したことから、物語の歯車が回り始める。

「戦争中、15歳だった自分は、この家にすみ着いている白い蛇と話した。蛇は『自分に正直にしなさい』と私に言った」

白い蛇は本当にいたのか。そして、赤い鯨とは？　保江の記憶が次第によみがえっていく。大事なことは、あの戦争の時代、自分に正直に生きることができず、国のために死んでいった若者たちがいたことだ。それを忘れてはいけない。なぜなら「私が忘れたら（彼らは）二度死ぬことになる」からだ。保江の言葉が４人の心を動かす。

香川の存在感。浅田の包容力。５人をつなぐ原動力になる樹木のエネルギー。若い２人を含め、俳優たちのハーモニーが素晴らしい。舞台になったかやぶきの古民家が、民話を思わせる物語によく合っている。

ここにも注目　70代後半で初の映画監督

せんぼんよしこ監督は１９２８年生まれ。53年に日本テレビに入社し、ディレクターとして活躍。香川京子主演のドラマ『縁』（61年）で芸術祭奨励賞、大竹しのぶ主演の『ああ！　この愛なくば』（80年）で芸術祭大賞を受賞している。

88年に退社。『赤い鯨と白い蛇』は、初めての映画監督作品だった。

香川はせんぼんの演出について「せりふの間があるところで『ちょっと襟元を直すような感じにしたら』と、アドバイスをいただきました。こういう感覚は女性の監督さんにしかないと思いました」と語っている。

▼102分。カラー。
ＤＶＤは現在発売なし。

2006年▼森田芳光監督

『間宮兄弟』

好きなことがある幸せ

出演＝佐々木蔵之介、塚地武雅、常盤貴子、沢尻エリカほか

好きなことがあるのは幸せだ。そして、その好きなことを共有できる誰かがそばにいたら、もう何も言うことはない。30代の仲のいい兄弟を主人公にした森田芳光監督『間宮兄弟』は、そうした感情をとてもよく表現している。

兄の間宮明信（佐々木蔵之介）はビール会社の研究員。弟の徹信（塚地武雅）は小学校の校務員。2人とも独身で、東京の下町のマンションで同居している。

兄弟は、仕事以外のほとんどの時間を一緒に過ごすほどの仲良しだ。テレビの前に2人で座り、スコアブックをつけながら横浜ベイスターズの応援をし、レンタルビデオ店で借りた映画を、ポップコーンを食べながら観る。そして、並べて敷いたふとんの上で、1日の反省会をして、寝る。日常の中でいろんな楽しみを見つけ、充実した生活を送っている2人だが、残念なのは、どちらにも恋人がいないことだ。

そこで、彼らは、自宅でカレーを作り、女性を招くパーティーを企画する。ゲストは、徹信が働く小学校の先生、葛原依子（常盤貴子）と、行きつけのビデオ店の店員、直美（沢尻エリカ）だ。

日常の中にナンセンスな笑いをちりばめた青春映画『の・ようなもの』（1981年）で、劇場映画

デビューした森田監督が、その原点に立ち戻ったような作品。おたくっぽくて女性にもてない兄弟が、恋人獲得を目指して奮闘する姿を優しく、おかしく描いていく。

原作は、２００３年夏から半年、週刊誌に連載された江國香織の同名の小説。森田は原作を読んだ瞬間、映画化を決めたという。好きなことがたくさんあり、それを大切にしてきた自分と重なる部分を感じたのだろう。原作を尊重しつつ、映画ならではの遊びを随所に入れているのが面白い。

今、振り返ると、この映画が、おたくに対する世間の見方が、否定から肯定へと転換しつつあった時期に撮られたことに気付く。パソコン通信での出会いを先駆けて撮った『（ハル）』と同じく、いかにも森田らしい時代感覚がある。

さて、兄弟の恋は実るのか。それは観てのお楽しみだ。

ここにも注目　中島みゆきにびっくり

『間宮兄弟』の大きな魅力は多彩なキャスティング。お笑いコンビ「ドランクドラゴン」の塚地武雅を佐々木蔵之介と組ませて成功したのをはじめ、静岡に住む兄弟の母に歌手の中島みゆき、祖母に加藤治子を配するなど、サプライズも多い。

常盤貴子、沢尻エリカに加え、戸田菜穂、映画初出演の北川景子ら、兄弟が夢を抱く女性たちが皆、個性的な役柄を楽しそうに演じている。常盤が扮する葛原先生が、ボードゲームに勝とうとして、ちらりと肌を見せるシーンは爆笑した。明信のビール会社の同僚役、高嶋政宏の軽さも印象的だった。

▼119分。カラー。
DVDがTCエンタテインメントから販売中。

2005年▼緒方明監督

『いつか読書する日』
大人の恋ほど不器用だ

出演＝田中裕子、岸部一徳、仁科亜季子、渡辺美佐子ほか

緒方明監督『いつか読書する日』は大人の男女の不器用な恋の物語だ。

主人公の2人は共に50歳。10代から思い合いながら、ある理由で結ばれなかった。もどかしいが、こんな恋愛も実際にあるのだろう。そう感じさせる説得力がある。

大場美奈子（田中裕子）は牛乳配達とスーパーのレジ係をして、故郷の町で暮らしている。読書が好きで、1人暮らしの部屋には本がぎっしり並んでいる。牛乳を配る地域には、高梨槐多《かいた》（岸部一徳）の家がある。槐多は末期がんの妻、容子（仁科亜季子）を自宅で看病しながら、市役所の福祉課に勤めている。

美奈子と槐多は高校時代に付き合っていた。だが、美奈子の母親と槐多の父親が自転車に2人乗りをしていて、交通事故で死亡。関係がうわさされ、若い2人は口もきかなくなってしまった。

本当は、2人とも心の底でずっとお互いを思い続けているのだ。美奈子の母の友人だった作家、皆川敏子（渡辺美佐子）はそのことを分かっている。そしてある日、槐多の妻、容子も、夫の思いに気付く……。

緒方監督は、2人のいちずな愛と、屈折した愛の表現を、巧みに描いていく。毎朝早く、美奈子は

※『いつか読書する日』
発売・販売：アミューズソフト　4,800円（税抜）／5,280円（税込）

坂道を走って牛乳を配る。坂の上にある槐多の家に届けるのは、いつも6時5分だ。配達を終え、自転車でスーパーに通勤する美奈子を、市役所に向かう槐多を乗せた電車が、毎日同じように追い越す。2人は目を合わせることもないが、お互いの存在を痛いほどに意識しているのだ。

化粧もせず、服装にも無頓着な美奈子、イケメンでもなく※出世コースを上っていく能吏にも見えない槐多。平凡でどこにでもいそうな中年の男女が、一生に一度の恋を胸に秘めて日々を送る姿を、田中と岸部が見事に演じている。

認知症になった敏子の夫のエピソードや、槐多が直面する深刻な児童虐待など、社会問題への目配りもある。

残念なのは、最後の驚くべき展開。詳しくは書かないが、死が物語を動かす便利な道具に使われたように感じてしまった。それまでが満点だっただけに惜しい。

ここにも注目

田中新作は同じ青木脚本

田中裕子主演の『千夜、一夜』（久保田直監督）は、『いつか読書する日』の青木研次の脚本だ。

佐渡島を舞台に、30年前に失踪した夫をひたすら待ち続ける妻の物語と聞き、『いつか―』と似ている所を感じる人もいるだろう。今回も田中の演技力が満喫できる作品だ。『いつか―』と異なり、劇的な出来事を無理に作り出していない脚本にも好感が持てる。

青木は1958年生まれ。緒方明監督とのコンビでは、緒方の劇場映画デビュー作『独立少年合唱団』と2014年公開の『友だちと歩こう』もある。

▼キネマ旬報ベスト・テン3位。127分。カラー。

2005年▼市川準監督

『トニー滝谷』村上文学の喪失感を映像化

出演＝イッセー尾形、宮沢りえ、篠原孝文、西島秀俊（語り）ほか

村上春樹の短編小説を映画化した市川準監督『トニー滝谷』は、小さいけれど、きらきら輝いている実験的な作品だ。

坂本龍一の静かな美しい音楽とともに、喪失感や透明な悲しみが伝わってくる。村上文学を原作にした映画では『ドライブ・マイ・カー』や『ノルウェイの森』が有名だが、その精髄を映像化したという点で特筆すべき作品だと思う。

トニー滝谷（イッセー尾形）は売れっ子のイラストレーター。両親とも日本人だが、母がトニーを生んだ3日後に死去し、父のジャズミュージシャン省三郎（尾形の一人二役）が付けた「本当の名前」だ。

省三郎は年中、演奏旅行に出かけ、トニーは少年の頃からいつも1人だった。毎日部屋にこもって絵を描いていた彼は美術大学に進み、イラストレーターになり成功。中年になっても大きな家で1人暮らしをしている。

ある日彼は、イラストを受け取りに来た出版社の若い女性（宮沢りえ）に恋をする。2人は結婚し、穏やかで幸せな日々が続くが、一つだけトニーには気になることがあった。

坂本のピアノが心地よく響き、せりふはほとんどなく、西島秀俊の落ち着いた語りで物語が進行する。場面が切り替わる時にカメラが横に移動し、壁や家具などの影が画面を覆い、次の場面に移っていく。それが、まるで本のページをめくっているような感覚だ。尾形は孤独感を硬質な演技で表現し、後半で妻とよく似た別の女性を一人二役で演じた宮沢のはかない美しさも印象的だった。

トニーの気がかりとは何か、ここでは書かない。語りを担当した西島が十数年後に主演した『ドライブ・マイ・カー』と同じように、愛する人を突然失うことの悲しみが胸に広がる映画である、とだけ言っておこう。

1948年生まれで村上と同世代の市川が、長年温めていたという企画。ラストに、小説（文藝春秋刊『レキシントンの幽霊』所収）にはないエピソードが幾つか、さりげなく付け加えられている。市川は2008年に59歳で死去。そこに込めた思いを尋ねることはできなくなってしまった。

ここにも注目　空き地にセットを組み撮影

映画の撮影時の模様を撮った『晴れた家』（村松正浩監督）というドキュメンタリーがある。

観て驚いた。低予算をカバーするために、トニーの家の中も結婚式の控室も、ほとんどの場面が、横浜の広大な空き地にセットを組み立てて撮影されているのだ。台の上に立てたセットには天井もガラス窓もなく、風が吹き抜けてしまう。室内の場面でも髪が揺れているのは、そのせいだ。

宮沢りえが坂道を上がってくるシーンが実際にどう撮られたか。ドキュメンタリーを視聴、映画の魔法を裏側から見る思いがした。創意にあふれた作品だ。

▼76分。カラー。
ＤＶＤは現在販売なし。

2004年▼崔洋一監督

『血と骨』
本当にいたと思わせる迫力

出演＝ビートたけし、鈴木京香、新井浩文、田畑智子ほか

崔洋一監督『血と骨』は、戦後、大阪の朝鮮人集落で、すさまじい暴力を振るってのし上がっていった男の、怪物的な生き方を描いた作品だ。

強欲で、他者への思いやりは全くなく、わがまま放題に生きる男に、家族や周りの人間はぼろぼろになっていく。主人公には全く共感できないし、目を背けたくなる場面も多い。それなのに、ぐいぐいと引き込まれ、見終わった時に、静けさを感じるのが不思議だ。

金俊平（ビートたけし、少年時代は伊藤淳史）は1923年、済州島から大阪に渡り、同胞たちの暮らす街で生きてきた。第2次大戦末期、妻の李英姫（鈴木京香）と2人の子どもを残し、ふらりと家を出た彼は、終戦直後に戻ってきて、かまぼこの製造を始める。

商売が当たり大もうけした俊平の元に、息子と名乗る武（オダギリジョー）が現れる。家に転がり込んだ武は俊平に逆らい、不穏な空気が漂う。

2024年に87歳で死去した作家の梁石日《ヤン・ソギル》が、実父をモデルに書いた同名の小説が原作。梁自身と言える俊平の息子、正雄（新井浩文）のナレーションで映画は進行していく。

衝撃的な場面が多い。武と俊平の雨中の大げんか。俊平と、妻や愛人の清子（中村優子）らの激

※『血と骨』
DVD: ¥4,180（税込） 発売元：東芝エンタテインメント 販売元：ポニーキャニオン

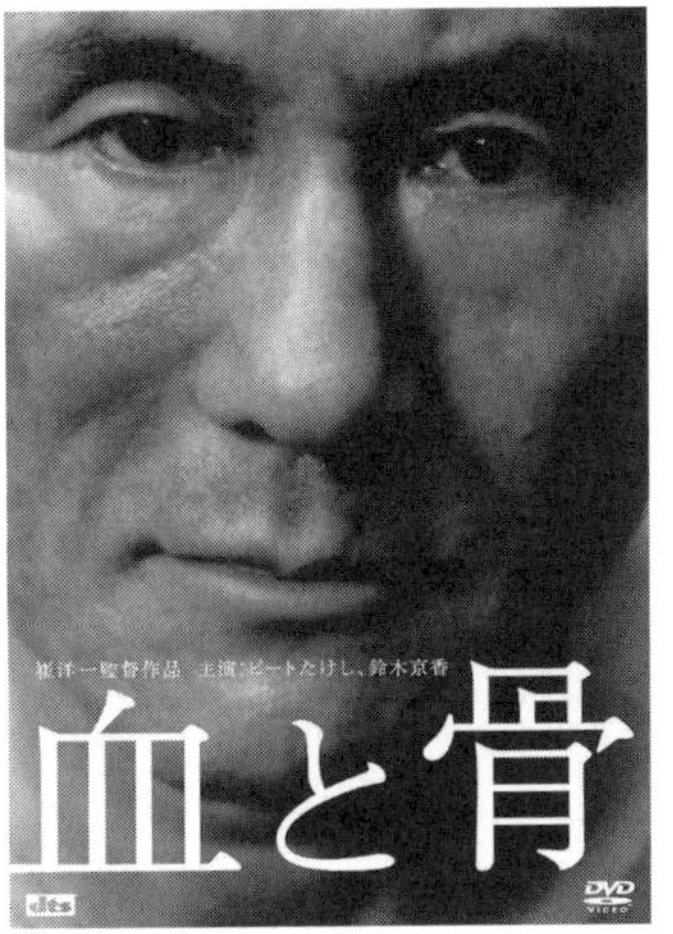

※

しいセックスシーン。俊平が娘の花子（田畑智子）を殴り、歯が折れる場面。豚を殺す場面や、俊平がうじを払いながら豚肉を食べる場面。俳優たちの体を張った並々ならぬ気迫が、全編を通して伝わってくる。

原作では「巨漢で凶暴」と形容されている俊平役のたけしは、体の大きさは足りないが、凶暴さは満点。「本当にこんな人間がいたんだろうな」と、観客に感じさせる迫力ある演技を見せた。

『月はどっちに出ている』と同じく、梁の原作、鄭義信との共同脚本で、崔が監督した作品。在日コリアンである崔だからこそ撮れたハードでパワフルな作品だった。

自らの欲望だけを追い求めた俊平を待つのは、絶対的な孤独だ。荒涼たる末路を見ながら、ふいに歎異抄の言葉を思った。「善人なおもて往生をとぐ、いわんや悪人をや」。偽善を排し、人間の本性を見つめた作品だ。

ここにも注目　乱闘場面で本領発揮

重苦しい『血と骨』の中で、思わず苦笑してしまう場面がある。自殺した花子の葬式の場面だ。

ふとんの上に花子の遺体を安置した部屋で、夫（寺島進）はマージャンをしており、正雄らが注意してもやめない。

そこに俊平がやってきて「わしの娘はどこや」と叫び、夫を殴りつけ、参列者を巻き込んだ大乱闘が始まる。花子の母親ら数人は、遺体をふとんごと部屋のあちこちに持ち運び、乱闘から守る。

不謹慎極まりない場面なのだが、こうしたやけくそなユーモアは崔洋一監督の本領でもある。乱闘の撮り方も、まことにうまい。

　▼キネマ旬報ベスト・テン2位。144分。カラー。

2003年▼広木隆一監督

『ヴァイブレータ』

3日間の優しい時間

出演＝寺島しのぶ、大森南朋、田口トモロヲ、牧瀬里穂ほか

言葉だけでは伝えきれない感情、すり抜けていく思いがある。そのことをよく分かった上で、あふれるような言葉と俳優の肉体を通して、言葉以上のものを伝えようとした映画が、広木隆一監督『ヴァイブレータ』だ。

雪がちらつく深夜の東京。早川玲（寺島しのぶ）はコンビニで、白ワインを物色していた。31歳、フリーのルポライターである彼女は、頭の中から聞こえてくる自分や他人の声に悩んでいる。そのせいで不眠になり、過食、「食べ吐き」を繰り返す彼女にとって、アルコールは声を消し、眠らせてくれる薬なのだ。そのとき、店に入ってきた長靴を履いた金髪の男（大森南朋）と目が合う。「食べたい」。そう感じた心が伝わったように、男はすれ違いざまに彼女の体に軽く触れる。玲の革ジャンの内ポケットで、携帯電話のヴァイブレータが振動する。行きずりの2人の物語がそこから始まった。

男の名前は岡部希寿《たかとし》。27歳、長距離トラックの運転手だ。玲の方から希寿の車に乗り込み、玲の言葉がきっかけで抱き合う。夜明けにいったんトラックを降りた玲は、「道連れにして」と言い、新潟を往復する希寿の仕事に同行する。

途方もない出来事が起きるわけではない。トラックの中で、玲はいかにもライターっぽく希寿にイ

※『ヴァイブレータ』
発売日　DVD発売中　価格　5,170円（税込）　販売元：ハピネット・メディアマーケティング

※

ンタビューし、希寿は「結婚して子どももいる」などと語る。2人は、相手が何者なのかを確かめようとして、自分自身を見つめることになる。

走るトラックを、さまざまな角度から映した映像が魅力的だ。朝日に照らされた街、畑の中を延びる道、夜の商店街……。空の色が変化し、ありふれた風景が美しい。

映画初主演という寺島の大胆な演技に圧倒される。同じ年に公開された主演作『赤目四十八瀧心中未遂』と合わせ、各映画賞で演技賞を受けたのは当然だ。大森のやんちゃだが温かい感じもいい。

性描写が話題になった映画だが、優しさが心に残る。見終わって、希寿との3日間を過ごした玲と同じように「自分がいいものになった感じがした」。赤坂真理の原作を生かした、荒井晴彦の脚本が見事だ。

ここにも注目　牧瀬里穂がびっくり出演

出演者の名前に牧瀬里穂とあるので、どんな役かと思ったら「雑誌の写真」だったので驚いた。冒頭、コンビニの店内で玲が雑誌を開くと、写真の女性が「もうあなたは気付いていているはずです。肌の中で始まっている、その微妙な変化に」とにこやかに語りかけてくる。それが牧瀬だった。

こういう遊びは、希寿の過去を回想する場面にもある。風俗業で働いていた希寿が、客に乱暴された風俗嬢を助けに行く。その風俗嬢は玲役の寺島しのぶが演じている。

田口トモロヲが警官役、村上淳が無線の声で出演しているのもうれしい。

▼キネマ旬報ベスト・テン3位。95分。カラー。

2002年▼小泉堯史監督

『阿弥陀堂だより』

心を解き放つ優しさがある

出演＝寺尾聰、樋口可南子、北林谷栄、小西真奈美ほか

一本の映画が、その日をいい一日にしてくれることがある。小泉堯史監督『阿弥陀堂だより』は、そんな幸福感を与えてくれる作品だ。

上田孝夫（寺尾聰）と美智子（樋口可南子）夫婦は、孝夫の故郷である信州の村に、東京から引っ越してきた。大学病院で先端医療に携わっていた美智子がパニック障害になり、その治療が移住の目的だった。美智子は、医師が不在だった村の診療所で週3日、診療に当たり、〝売れない作家〟の孝夫は近所で農作業を手伝う。

新生活を始めた2人は、村の阿弥陀堂を守っている96歳のおうめばあさん（北林谷栄）と親しくなる。そして、おうめの話を聞いて、内容をまとめた記事「阿弥陀堂だより」を村の広報紙に連載している石野小百合（小西真奈美）とも出会う。小百合は数年前、喉の病気にかかり声が出ない。

夫婦は折々、幸田夫妻（田村高廣、香川京子）の家を訪ねる。幸田は孝夫の恩師で、胃がんの末期。延命治療を拒否し自宅で死を迎える覚悟だ。こうして登場人物を紹介していくと、物語の根底に流れるテーマは「病と死」であることが分かる。だが、暗く重苦しい映画ではない。「もう切ない話はうんと聞いたから、いい話だけ聞きてえでありますよ。誰も切ない話聞くために、わざわざ金出して本

※『阿弥陀堂だより』
DVD 発売中　DVD：5,170 円（税込）　発売・販売元：アスミック・エース

※

買うのはヤダもんなあ」

おうめが孝夫に話す言葉に響き合うように、人間を信頼し、よいところを見つめようとする作り手の意志が、映画を爽やかなものにしている。木々の緑、ゆったりと流れる千曲川、黄金色の夕日、紅葉、降り積もる雪。四季の移り変わりが美しい。過度なストレスを受け、張り詰めていた美智子の心が、自然の中で緩やかに解き放たれていくのが実感できる。田植えや迎え火、お月見、お祭り。人々の営みや行事もいとおしい。時間をかけて撮った丁寧な映像から、小泉が、助監督として仕えた黒澤明監督の後継者であることがよく伝わってくる。

原作は南木佳士の同名の小説。入魂という言葉にふさわしい北林の演技はもちろん、俳優たちが皆、優しい顔をしている。

ここにも注目　日本一のおばあちゃん俳優

北林谷栄（1911～2010年）は、若い頃から老け役で活躍。「日本一のおばあちゃん俳優」といわれた。

『阿弥陀堂だより』の出演依頼があったのは90歳の時。体調に不安もあったが、宇野重吉の息子の寺尾聰が主演と知って、出演を快諾した。

北林と宇野は、戦前の新劇俳優時代から同じ舞台に上がり、劇団民芸を共に創設した仲だ。さらに、北林の老け役は、宇野が演出した舞台から始まったという縁がある。

「聰ちゃんと一緒に仕事をできる日が来たのは、運命がくれたチャンスだと思う」。製作発表会見で北林はそう喜びを語った。

▼キネマ旬報ベスト・テン7位。128分。カラー。

『害虫』少女の孤独、乾いた感覚で

出演＝宮崎あおい、田辺誠一、りょう、蒼井優ほか

塩田明彦監督『害虫』は、日本映画には珍しい乾いた感覚と、謎めいた魅力がある作品だ。目を引くのは、宮崎あおい、蒼井優という今を時めく2人の俳優が、共に中学生の役で共演していることだ。ブレークする以前の2人が持つ類いまれな資質が、過剰な説明や感傷を排した演出によって、見事に引き出されている。

北サチ子（宮崎）は13歳。中学の同級生の間では、サチ子の父親が不在で、同居している母親（りょう）が自殺未遂したこと、サチ子が小学校の担任教師だった緒方（田辺誠一）と不適切な関係を疑われたことなどが、うわさになっている。

サチ子は、教師を辞め、遠くの町の原子力発電所の作業員になった緒方と文通を続けている。家庭でも学校でも心を閉ざしている彼女は、当たり屋をして金を稼いでいる少年タカオ（沢木哲）とホームレスのキュウゾウ（石川浩司）に出会い、彼らにだけは明るい面を見せるようになる。

同級生の夏子（蒼井）は不登校になったサチ子を心配して、毎朝サチ子の家を訪ねてくる。そんな優しい心遣いが実り、やがて、サチ子は学校に通い始めるようになる。

うまいなあ、と感心した場面が幾つもある。例えば学校の文化祭の後、夏子が、好意を抱いている

※『害虫』
DVD発売中　価格　2,267円（税抜）　販売元：ハピネット・メディアマーケティング

※

男子生徒に呼び出される場面。夏子とサチ子の微妙な心理や関係性が、鮮やかに浮かび上がる。

映画初主演の宮崎はせりふは少ないが、目の動きや歩き方で少女の屈折した感情を表現。当たり屋のターゲットになる男（光石研）や、サチ子に声をかけるサラリーマン風の男（大森南朋）ら脇役陣が、短い出番ながら印象的な演技を見せた。

映画は終盤、急展開。ロックバンド「ナンバーガール」の音楽に乗ってサチ子の疾走が始まる。

『害虫』というタイトルについて、塩田は、元々、脚本家（清野弥生）が付けたものだが、この映画の世界そのものだと思った、と公開時のインタビューで答えている。サチ子のそばにいる人は皆、〝害虫〟と気付かずに妖しい魅力に引きずり込まれ、破滅に向かっていく、という意味だろうか。

ここにも注目

フランスで主演女優賞

『害虫』は、フランスのナントで開かれたナント三大陸映画祭のコンペティション部門に出品され、審査員特別賞と主演女優賞（宮崎あおい）を受賞した。

宮崎は、映画が撮影された2001年春は15歳。塩田明彦監督は「宮崎あおいという俳優とパーフェクトなタイミングで出会えた」と、DVDの特典映像で語っている。

宮崎はこの後、中島美嘉とダブル主演した05年の映画『NANA』が大ヒット。06年のNHK連続テレビ小説『純情きらり』、08年の大河ドラマ『篤姫』などで確固たる地位を築いた。

▼92分。カラー。

『ウォーターボーイズ』暑さを吹き飛ばす快作

出演＝妻夫木聡、玉木宏、近藤公園、金子貴俊ほか

矢口史靖監督『ウォーターボーイズ』は、シンクロナイズドスイミング（現アーティスティックスイミング）に挑戦する男子高校生たちを主人公にしたコメディーだ。

一見、よくある青春映画だが、20年以上たった今も、新鮮で心地よい。クライマックスのシンクロシーンは、暑さを吹き飛ばすようなエネルギーがある。

鈴木智（妻夫木聡）は男子高の3年生。弱小水泳部のただ1人の部員で、大会で惨敗し、廃部の危機に直面している。

事態は、新任の女性教師、佐久間（眞鍋かをり）が水泳部顧問になったことで一変する。だが、彼女が指導したいのがシンクロだと分かった途端に、急増した部員たちは一斉に退部。残ったのは鈴木を含む5人になる。

おまけに佐久間は妊娠が判明し産休に。5人は目標を失うが、気を取り直して「文化祭でのシンクロ発表」に挑戦することを決める。経験が全くない彼らは、水族館のイルカの調教師、磯村（竹中直人）に指導を頼む。

5人組の鈴木以外のメンバー、アフロヘアーの元バスケ部員佐藤（玉木宏）、ダンスが大好きな太

田（三浦哲郁）、勉強家で金づちの金沢（近藤公園）、ひそかに佐藤を思う早乙女（金子貴俊）が、バラエティーに富んでいるのはもちろんだ。

「絶対にスポ根映画にはしたくなかった」という言葉通り、矢口は笑いを生み出すことに全力を注いでいる。電気製品の火花で髪が燃え出した佐藤がプールに飛び込むところや、※ゲームセンターのダンスマシンで5人が踊りの息を合わせるシーンなど、名場面も多い。

団体でシンクロを演じたのは、主要メンバー5人を含む28人の若い俳優たち。1カ月間合宿して本番に臨んだ。オペラ『カルメン』の中の「闘牛士の歌」からフィンガー5の「学園天国」まで、さまざまな曲に乗って約10分続くシンクロの迫力には、素直に感動した。

この映画が面白いのは、水面下の動きが重要なシンクロと同じく、画面に映らない部分での努力が並大抵ではないためだろう。完成した映画が、それをちっとも感じさせない軽い仕上がりなのもいい。

ここにも注目　若手俳優の出世作

シンクロを演じる高校生役は全てオーディションで選ばれた。プロダクションノートによると、参加者は約1200人。基礎泳力を見る第1次、演技力などを見る第2次を経て28人が決まった。

雑誌モデルとしては既に人気者だった妻夫木は、映画初主演のこの作品が大ヒットし、俳優としてもブレーク。玉木宏も注目を集め、以降テレビドラマなどで大活躍。近藤公園、金子貴俊も着実に活躍の場を広げている。28人の中には杉浦太陽も含まれており『ウォーターボーイズ』が若手俳優の出世作となったことがよく分かる。

▼キネマ旬報ベスト・テン8位。91分。カラー。

2001年▼原恵一監督

『映画クレヨンしんちゃん　嵐を呼ぶモーレツ！オトナ帝国の逆襲』

オラを見て元気出すんだゾ

声の出演＝矢島晶子、ならはしみき、藤原啓治、こおろぎさとみほか

落ち込んで何もする気がしない日に、原恵一監督『映画クレヨンしんちゃん　嵐を呼ぶモーレツ！オトナ帝国の逆襲』を観て、笑ってウルっときて、元気になった。子ども向けアニメの枠を超えて、大人の感情に訴え、涙腺を刺激する作品だ。

ある日、野原しんのすけ（声・矢島晶子）一家が暮らす埼玉県春日部市の田んぼのど真ん中に、20世紀博という巨大テーマパークが出現する。

会場には、１９７０年の大阪万博会場を再現したセットで、入園者がヒーローになって活躍できる体験コーナーなど、昭和を感じさせるアトラクションが勢ぞろい。大人たちは懐かしさに夢中になり、子どもを放って通い詰めている。

20世紀博の主催者は、マッシュルームカットのケンと、長い髪でミニスカートのチャコ（声・津嘉山正種、小林愛）の2人。彼らは、21世紀の醜い日本に絶望し、黄金の20世紀をよみがえらせる計画を進めようとしている。会場内にひそかに作った「夕日町銀座商店街」は、コンビニやファミレスがない「あの頃」が再現されている。

やがて、ケンらは春日部の住民を20世紀博に移し、計画を実行しようとする。取り残されたしん

ちゃん、ボーちゃん（声・佐藤智恵）、風間くん（声・真柴摩利）、犬のシロ（声・同）らはスーパー「サトーココノカドー」に立てこもり、計画に逆らう。

定番ギャグや約束事をきちんと踏まえつつ、盛りだくさんで充実した内容だ。幼稚園バスのカーアクションや鉄塔上のハラハラする場面は迫力満点だし、父親ひろし（声・藤原啓治）の成長物語は、昭和のサラリーマンの奮闘記そのものだ。

ところで、しんちゃんはケンらの計画に対して、なぜ戦うのか？　しんちゃんはチャコに言う。「オラ大人になりたいから。大人になって、おねいさんみたいなきれいなおねいさんと、いっぱいお付き合いしたいから」

過去を美化し、時代を逆戻りさせようとする企ての愚かさを、笑いに包んでたたきのめしたせりふに拍手したい。まさに、映画クレヨンしんちゃんシリーズの珠玉の一作だ。大人の勝手な考えで、子どもの未来を奪ってはならない。

ここにも注目　アニメ、実写と多彩に活躍

『オトナ帝国の逆襲』で監督・脚本・絵コンテを担当した原恵一は、1959年、群馬県館林市生まれ。映画クレヨンしんちゃんシリーズでは『暗黒タマタマ大追跡』（97年）以降6作品を監督。『オトナ帝国の逆襲』の次作『嵐を呼ぶアッパレ！戦国大合戦』（2002年）もファンから高い評価を受けている。ほかのアニメ監督作に『河童のクゥと夏休み』（07年）『かがみの孤城』（22年）など。木下惠介監督の若き日を描いた実写映画『はじまりのみち』（13年）も監督している。

▼90分。カラー。
DVD・ブルーレイがバンダイナムコフィルムワークスから販売中。

【Column】
社会派映画が復活の兆し　コロナ禍や戦争も背景に

「日本には、もはや社会派映画はなくなってしまった」。ドキュメンタリー映画『ゆきゆきて、神軍』で知られる原一男監督がそう嘆いたのは、2017年11月、映画祭・東京フィルメックスの会場だった。コンペ部門の審査委員長として、フィリピンからの出品作に触れ「かつて日本にあった社会派映画がフィリピンにあることを、うらやましく思った」と評したのだ。社会派の巨匠と呼ばれた熊井啓監督の『**海と毒薬**』『**深い河**』などの劇映画でも監督補を務めてきた原の言葉には実感がこもっており、胸に響いた。

その半年後、『**万引き家族**』でカンヌ国際映画祭の最高賞・パルムドールを受賞した是枝裕和監督は、帰国後の日本外国特派員協会での記者会見で、こう語った。「2000年代に海外の映画祭に参加するようになり、『日本映画には社会と政治がない』と批判的に言われたことがあった。そうした作品が少なかったのは現実だ。日本の大きな配給会社が、興行として成立しにくいと判断し、企画を通さなかった。そのことが日本映画の幅を狭くしている」

▼風穴をあけた『新聞記者』

原の嘆きを裏付ける貴重な発言だった。そして、2人の言葉に呼応するように、社会や政治に斬り込む日本映画が、その後次々に生まれてきた。特筆すべきは、2019年6月に公開された『**新聞記者**』(藤井道人監督)だ。「安倍一強」と言われた長期政権の暗部とメディアの内側を描いたこの作品は、大手映画会社に属さない河村光庸プロデューサーが企画、製作した。「民主主義を踏みにじるような官邸の横暴、忖度に走る官僚たち、それを平然と見過ごす報道メディアに対する怒りと使命感が製作動機だった」という。現体制を批判するこの映画に、若手のトップスターである松坂桃李が出演し、単館ではなく全国規模で上映されたことも画期的だった。まさに、この作品は、閉塞した状況に風穴をあけたのだ。

19年12月に最初の症例が中国で確認されて以降、世界中で吹き荒れた新型コロナウイルス禍の中でも、流れは止まらなかった。この間の社会派邦画の収穫として、高齢ドライバーによる暴走事故で夫を失ったシングルマザーが、コロナ禍で追い詰められていく姿を描いた**『茜色《あかねいろ》に焼かれる』**（石井裕也監督、本書12頁）、バス停で寝泊まりしていたホームレスの女性が殴り殺された事件をモチーフにした**『夜明けまでバス停で』**（高橋伴明監督、本書8頁）、難民申請が認められず在留資格を失った在日クルド人一家の少女の苦悩を描いた**『マイスモールランド』**（川和田恵真監督）の３本を挙げたい。

いずれも、実際に起きた事件に目を向け、不公平で不寛容な現在の社会をえぐり出した意欲作だった。３作の主人公がいずれも女性であるのは、日本社会の男女格差を象徴しているようにも思えた。

▼10本の推薦作

もちろん、社会派だからいい映画、というわけではない。プロパガンダを目的とした映画製作に反対であるのは言うまでもないし、重要なテーマを扱っても、つまらない映画では仕方がない。芸術文化であると同時に娯楽である映画にとって、面白さは大切な要素だ。

そうした視点で過去の日本映画から社会派エンターテインメントの名作を選ぶと、新藤兼人監督**『狼』**、黒澤明監督**『悪い奴ほどよく眠る』**、山本薩夫監督**『にっぽん泥棒物語』**、内田吐夢監督**『飢餓海峡』**、大島渚監督**『少年』**、山田洋次監督**『家族』**、今村昌平監督**『復讐するは我にあり』**、伊丹十三監督**『マルサの女』**、原一男監督**『ゆきゆきて、神軍』**、崔洋一監督**『月はどっちに出ている』**が、マイ・ベストテンということになる。

▼恐怖や不安がリアルに

コロナ禍以前の日常が回復しつつある今、映画館にもにぎわいが戻ってきた。２０２３年公開された邦画には、前年６月に72歳で死去した『新聞記者』の河村プロデューサーが企画した政治ドキュメンタリー**『妖怪の孫』**、同じく河村の遺作となった劇映画**『ヴィレッジ』**をはじめ、ファイル共有ソフトの開発者が著作権法違反ほう助容疑で警察に逮捕され、７年後に無罪が確定した事件をテーマにした**『Ｗｉｎｎｙ』**、「やまゆり園事件」との共通点がある**『ロストケア』**など、社会派映画が顔をそろえている。こうした状況の変化は、『万引き家族』や『新聞記者』に代表される意識的な作り手たちが切り拓いた成果と言えるだろう。冒頭で紹介した原監督の嘆きを吹き飛ばすような、社会派映画の新たな傑作を期待したい。

コロナ禍が残した爪痕やロシアによるウクライナ侵攻など、世界的規模の危機が続き、国内でも安倍元首相銃撃事件、高齢者を狙った連続強盗事件など不穏な出来事が多発している。社会派映画復活の背景に、人々の恐怖や不安が増大している現実があることを、最後に指摘しておきたい。

（「Ｋｙｏｄｏ Ｗｅｅｋｌｙ」２０２３・５・22号）

Ⅱ-1　巨匠たちをもっと

『長屋紳士録』焼け跡で花開く下町の人情

出演＝飯田蝶子、小沢栄太郎、吉川満子、笠智衆ほか

小津安二郎監督『長屋紳士録』は、終戦をシンガポールで迎え捕虜生活を送った小津が、帰国後初めて監督した作品だ。

終戦から間もない焼け跡の東京で、下町人情ドラマがユーモアたっぷりに繰り広げられる。笑いながら観ているうちに、映画の中にさりげなくひそむ小津の時代批判、抵抗精神と、その後の作品にも通じる孤独感が、じわりと胸に響いてくる。

東京・築地の近く、戦災を免れた人々が寄り添うように暮らす長屋がある。ある日、占い師の田代（笠智衆）が、親とはぐれた幼い男の子（青木放屁）を連れて帰り、裏に住むおたね（飯田蝶子）に預ける。雑貨店を営むおたねは、夫を亡くし独り暮らし。子どもが寝小便し、田代に返そうとするが話がまとまらない。結局、おたねが、男の子が住んでいたという茅ケ崎まで、子連れで親を捜しに行くことになる。

戦前の『父ありき』以来、5年ぶりの監督作品。戦後第1作が、戦前に得意とした下町人情喜劇だったことは、さまざまな反響を呼んだ。映画評論家、佐藤忠男は著書『映画の中の東京』（平凡社）で「敗戦の現実がいっこうに反映されておらず、昔ながらの人情風俗をなつかしんでいるだけ」とい

※青木放屁（左）と飯田蝶子

う批判があったことを紹介している。

そうだろうか？　確かに目を覆いたくなるような悲惨な映像はないが、映画の中で映し出される焼け跡が広がる東京の街や、上野公園の戦災孤児の姿は、戦争の傷痕を雄弁に物語っている。おたねや田代らに家族がいない理由は詳しく説明されないが、そこにも戦争の影響は感じられる。「私たちの気持ちだって随分昔とは違っているよ」「電車に乗るんだって、人を押しのけたりさ。人さまはどうでもてめえだけは腹いっぱい食おうっていう了見だろ」。おたねのせりふが、小津の思いを代弁している。

小津の生誕１２０年に当たる２０２３年、５月の第76回カンヌ国際映画祭で『宗方姉妹』とともに４Ｋデジタル修復版がワールドプレミア上映された。劇中で、笠が歌う「のぞきからくり」の口上に合わせ、長屋の住人が箸で茶わんをたたき唱和するところなど、楽しい名場面も多い。

※

ここにも注目　突貫小僧の弟

男の子役の青木放屁は、戦前から「突貫小僧」の役名で活躍した名子役、青木富夫の異父弟。『長屋紳士録』が映画デビュー作だった。

ほとんどせりふはない役だが、自然な子どもらしさが伝わってくるのは、戦前から小津組の常連だった飯田蝶子、坂本武、吉川満子らが脇をしっかり固めているためだ。

一風変わった芸名の由来は、太っていたため「ブーちゃん」という愛称で呼ばれていたからだという。今作の後、『風の中の牝鶏《めんどり》』『晩春』と小津作品に続けて出たが、１９５３年を最後に映画出演の記録はない。

▼キネマ旬報ベスト・テン４位。72分。モノクロ。
ＤＶＤが松竹から販売中。

1956年▼小津安二郎監督

『早春』巨匠が見つめた人生の悲哀

出演＝池部良、淡島千景、岸恵子、杉村春子ほか

いい映画は何度観ても面白い。２０２３年の12月12日で生誕１２０年を迎えた小津安二郎監督の作品を観るたび、そう思う。

１９５６年公開の『早春』は、30代前半の夫婦を主人公に、サラリーマンの悲哀や結婚生活の危機を描いた作品。婚期を逸しかけている娘と、娘を案じる肉親の関係を軸にした『晩春』『麦秋』に比べ、夫の不倫など迷える男女の姿を真正面から見つめ、小津映画には珍しい生々しさがある。

杉山正二（池部良）は東京・蒲田付近の長屋で、妻の昌子（淡島千景）と暮らしている。丸ビルの耐火れんが会社に勤める彼は、通勤電車に乗り合わせるサラリーマンらと一緒にマージャンをしたり、休日にはハイキングに行ったりする仲だ。

正二と昌子は結婚から8年。幼い子どもが病死した後は、夫婦間に隙間風が吹いている。正二はある日、通勤仲間の間でキンギョというあだ名で呼ばれている金子千代（岸恵子）に誘われ、一夜を共にする。やがて、2人の関係が昌子にもグループの仲間にも気付かれ、波紋が広がる。

池部と岸はいずれも、これが唯一の小津作品への出演。貴重なキスシーンをはじめ、印象的な演技を見せている。異性関係にオープンなキンギョが、正二との関係を責め立てるグループの男たちを、

凜としてはねつける場面は魅力的だった。

小津はこの映画を「サラリーマンもの」と呼び「見終わったあとサラリーマンの生きる悲しみが感じられるようにつくった」と語っている。確かに、会社組織への批判は、派閥抗争に敗れて〝島流し〟になった正二の上司、小野寺（笠智衆）らのせりふを通して、よく伝わってくる。小野寺派と目されている正二にも転勤の話が来るのだ。

だが、公開から67年後の今観ると、もう一つの大きな悲しみが映画を貫いていることに気付く。

正二は復員兵で、再会した戦友たちに言う。「サラリーマンなんてものは、昔、1銭5厘（の郵便料金）で集まった兵隊と同じようなもんだよ」

戦争の時代に青春が重なった世代の人々が抱く悲哀と、再生への希望。それが描かれていることが、この作品に長い命を与えている。

ここにも注目　珍しい移動撮影も

『早春』が小津安二郎の異色作といわれるゆえんは、小津組初参加の俳優の起用だけではない。

小津映画の名カメラマンとして知られる厚田雄春（1905〜92年）は、低位置撮影にこだわり、移動撮影のような方法は一切とらなかった小津が「『早春』では、江の島海岸でのフルショット移動をこころみた」と書き残している。「が、それもこれ一作だけのこころみで以後の作品にはまったく見られなかった」（「小津ロー・ポジションの秘密」キネマ旬報64年2月増刊号）

そんなことを頭に入れて、江の島のハイキング場面を観るのも楽しい。

▼キネマ旬報ベスト・テン6位。144分。モノクロ。
デジタル修復版のＤＶＤ、ブルーレイが松竹から販売中。

1955年▼黒澤明監督

『生きものの記録』

核の恐怖直視した黒澤映画

出演＝三船敏郎、志村喬、東野英治郎、根岸明美ほか

原水爆の恐怖に取りつかれた男を三船敏郎が演じた『生きものの記録』は、黒澤明監督の全30作の中で、最も知られていない映画かもしれない。

1955年の公開時、興行は不振で、失敗作とする批評も多かった。筆者も映画記者として黒澤へのインタビューをした92年に初めて観て、主人公の極端な行動に共感できなかった記憶がある。

再見のきっかけは、日本映画監督協会製作の『わが映画人生　黒澤明監督』だ。大島渚監督のインタビューに答えて半生を振り返る黒澤が、今作への深い愛情を語っている。改めて見直して、30年前には分からなかったこの映画の価値を、素直に認めることができた。

家庭裁判所の調停委員を務める歯科医の原田（志村喬）は、東京で鋳物工場を経営する中島喜一（三船）一家のトラブルを担当することになる。

核戦争による放射能汚染を恐れる喜一は、国内にシェルター建設を開始。それでは生き延びられないと思うと、妻子だけではなく、愛人や愛人との間の子どもも連れて、ブラジルへの移住を進めようとしている。計画に反対する息子の一郎（佐田豊）、二郎（千秋実）らは、父親を準禁治産者と宣告してほしいと家裁に申し立てたのだ。

※太刀川洋一（左）と三船敏郎

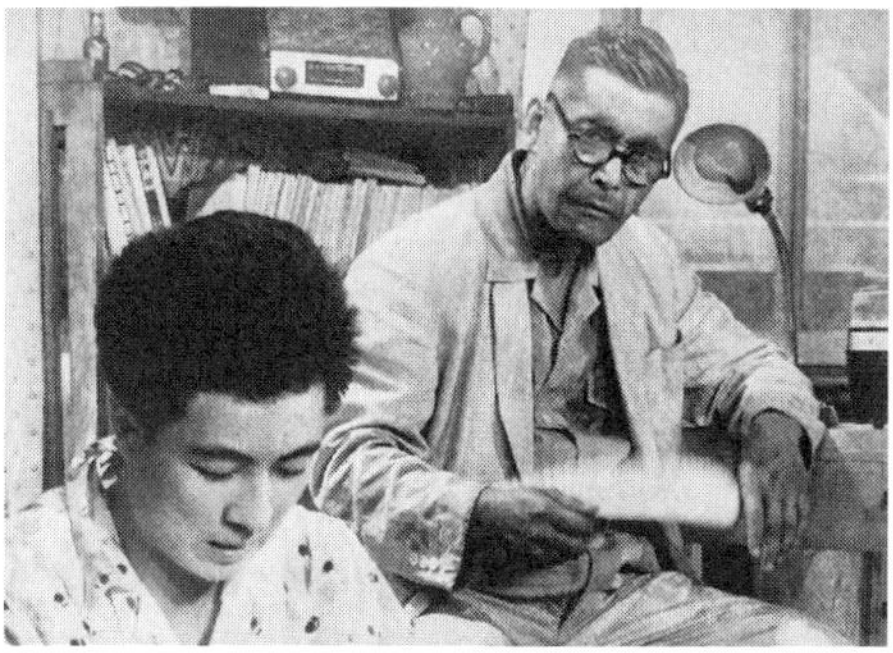

当時35歳の三船が、エネルギッシュな老人役を力演している。中盤までは、核戦争が勃発した時に自分と家族だけが助かっても仕方ないだろう、と反発してしまうが、終盤、喜一自身にその問いが突き付けられる場面で、違和感が解消する。

前年起きた第五福竜丸事件など放射能汚染の恐怖が増大する中で作られた。水爆の記事を見た喜一の「バカなものを作りやがって」という叫びは、晩年の『夢』『八月の狂詩曲』に連なる黒澤の心の声だったのだろう。「こんな時世に正気でいられるわれわれがおかしいのか」という精神科医（中村伸郎）の言葉も、核戦争の危険性が高まる今、※リアルに響く。

ラストの5分が印象的だ。夢の世界へ逃避した喜一のせりふ、超現実的な病院の廊下の映像、エンドマークの後の真っ暗な画面に流れる早坂文雄の音楽。黒澤の遺産として、映画史に語り継がれていくだろう。

ここにも注目　早坂文雄との別れ

音楽を担当したのは、作曲家、早坂文雄。黒澤明とは1948年の『酔いどれ天使』以降、『野良犬』『醜聞』『羅生門』『白痴』『生きる』『七人の侍』で、コンビを組む盟友だった。

結核を病んでいた早坂は、『生きものの記録』を撮影中の55年10月15日、41歳で死去。黒澤は、クライマックスの撮影と早坂の死が重なり「その時はもうぜんぜん僕はダメだった」と、作家の武田泰淳らとの鼎談で語っている。(「中央公論」56年2月号)。映画が公開されたのは、早坂の死から約1カ月後だった。

▼キネマ旬報ベスト・テン4位。103分。モノクロ。
DVDが東宝から販売中。

『乱』戦い続け滅びゆく人間たち

出演＝仲代達矢、根津甚八、原田美枝子、井川比佐志ほか

どれだけの情熱とエネルギーと資金があれば、こんな途方もない映画ができるのだろう。黒澤明監督『乱』を観るたびにそう思う。年を取るにつれ、この映画がつくられたこと自体が奇跡だと感じるようになった。黒澤の全30作中で一つの頂点をなす、様式美を極めた映画だ。

戦国時代、戦を重ねて領内を平定した武将、一文字秀虎（仲代達矢）は70歳になり、権力の座から退くことを決心する。隣国の領主らを招いた狩りの後、3人の息子に向かって、長男、太郎（寺尾聰）に家督を譲ると発表。次男の次郎（根津甚八）と三男の三郎（隆大介）に、力を合わせて国を守るように申し渡す。

太郎と次郎は父の決定を喜ぶが、三郎は兄弟同士の争いを招く愚かな提案だと率直に批判する。激怒した秀虎は、三郎を追放し、結局、太郎と次郎に裏切られていく。

戦国武将、毛利元就の「三矢の訓《おしえ》」を、シェークスピアの悲劇『リア王』の筋立ての中に入れ込んだオリジナルストーリー。展開は早く、1時間ほどで、秀虎が滞在している城が、太郎と次郎の大軍に襲撃されるすさまじい戦闘場面が始まる。

おたけびや悲鳴、戦闘の音はなく、悲哀に満ちた音楽が流れる中で、地獄絵のような光景が描かれ

ていく。次郎の側近、鉄《くろがね》（井川比佐志）による太郎暗殺のエピソードをはさみ、燃え上がる城から幽鬼のような秀虎が現れるシーンまで約15分。何度観ても圧倒される迫力のある映像だ。

その後は、かつて秀虎に一族を殺された太郎の正室、楓の方（原田美枝子）が、次郎を籠絡し、恨みを晴らそうとするたくらみや、父の救出を目指す三郎の軍勢が、次郎の軍と対決する戦いなどが描かれていく。秀虎に従う狂言師的な家臣、狂阿弥（ピーター）、秀虎に親を殺され、自らも目をつぶされた少年、鶴丸（野村武司、現・萬斎）。彼らが象徴するものを書き出せばきりがない。

「天の視点から、人間のやっていることを俯瞰の目で見て描きたい」。製作発表での自信たっぷりな黒澤の発言に反発した時もあったが、今はその言葉が胸に落ちる。殺し合いをやめられない人間たちを、見続けてきたせいだろうか。

ここにも注目　ワダエミの名も世界に

『乱』は、第58回米アカデミー賞で、監督賞など4部門でノミネートされ、ワダエミが衣装デザイン賞を受賞。プレゼンターのオードリー・ヘプバーンからオスカー像を受け取った。

２０２１年に84歳で死去したワダに、生前、自宅で何度かインタビューをした。『乱』の衣装の原画を見ながら聞いた、黒澤監督との出会いからオスカー受賞に至るまでの話は心が躍った。

『乱』の中の主役から足軽まで約１４００着の衣装は、全て糸から染め、織り上げた生地をワダのデザインに基づいて仕立てた。途方もなさがよく分かるエピソードだ。

▼米アカデミー賞でワダエミが衣装デザイン賞を受賞。キネマ旬報ベスト・テン２位。162分。カラー。『乱　4K MASTER BLUE-RAY』がKADOKAWAから販売中。

1993年▼黒澤明監督

『まあだだよ』

黒澤明が次代に残した宝物

出演＝松村達雄、香川京子、井川比佐志、所ジョージほか

黒澤明監督の遺作となった『まあだだよ』は、夏目漱石門下の作家で名随筆家としても知られる内田百閒（1889〜1971年）と、教え子たちとの心温まる師弟関係を描いた映画だ。

教え子らは、還暦を過ぎても元気な師の誕生会を、「摩阿陀会（まあだかい）」と名付けて開催。その席で百閒がビールを飲み干し、「（あちらへいくのは）まあだだよ」と宣言するユーモラスな行事が、タイトルの由来になった。

映画は百閒先生（松村達雄）が、文筆活動に専念するため大学のドイツ語教師を辞めると学生に伝える戦前の場面から始まる。その後、戦前、戦中、戦後を通し、先生と奥さん（香川京子）が仲良く暮らす姿と、既に壮年となっている高山（井川比佐志）、甘木（所ジョージ）ら4人の教え子が中心となり、師との濃密な交流が続いていくさまが描かれていく。

「昔から内田百閒の愛読者だった」という黒澤は、百閒のユーモアにあふれた人柄と教え子たちの敬愛を、楽しげに描写している。教え子にとって、百閒は、勉強だけではなく、人生にとって大切なものを教えてくれる「本物の先生」なのだ。

黒澤作品全30作中で屈指の名場面もある。空襲で焼け出され、トタン屋根の小さな小屋に暮らす先

生と奥さんを、四季の移り変わりの中で映し出す場面だ。わずか2分、せりふは全くない映像は「ラブシーンだからね」と、黒澤が奥さん役の香川に説明した言葉通り、息をのむほど美しい。飼い猫ノラが行方不明になるエピソードなど、本物の百閒をほうふつさせる松村と、表情としぐさで、深い愛情を表現した香川の演技が見事だ。

惜しむらくは、教え子らがなぜこれほどまでに先生を慕うのかという理由が、やや分かりにくいことだ。だが、この作品の中に、本物の映像を完璧に作ろうとした黒澤の情熱が息づいていることは、間違いない。

「みんな、自分が本当に好きなものを見つけてください」「見つかったら、その大切なもののために努力しなさい」。終盤で百閒先生が子どもたちに語る言葉は、黒澤の次世代へのメッセージでもある。時がたつにつれ価値がますます高まる映画、と思う。

ここにも注目　現場で見た至福の笑顔

1992年2月から9月にかけて行なわれた『まあだだよ』の撮影現場を10回以上訪れた。前年に映画担当になった駆け出し記者にとって、黒澤明の現場を見て、生の言葉を聞いたことは、その後の大きな財産になった。

早春の頃、80歳を超えた黒澤が当時77歳だった松村達雄を怒鳴りつけるのを見て、ショックを受けた。正直なところ、酷薄すぎると感じた。だが撮影の終盤、松村が半年前と別人のように堂々と百閒先生を演じ、それを見つめる黒澤が至福の笑顔を浮かべているのを目撃し、もやもやが吹き飛んだ。創造の苦しみと喜びを見た現場だった。

▼キネマ旬報ベスト・テン10位134分。カラー。
ブルーレイがKADOKAWAから販売中。

『石中先生行状記』

ほっとする善男善女の物語

出演＝池部良、堀雄二、三船敏郎、宮田重雄ほか

子どもの頃、布団にくるまってラジオの落語番組を聞くのが、楽しみの一つだった。善男善女のほのぼのとした物語3編を収めた成瀬巳喜男監督『石中先生行状記』を見ながら、至福の時間の記憶がよみがえった。

世界各地で争いが起き、心が休まらない日々が続くせいだろうか。リラックスして楽しめる作品の良さを改めて感じた。

東北地方のある町に暮らす小説家、石中先生（宮田重雄）は温厚な人柄で住民の信頼が厚く、さまざまな相談が持ち込まれてくる。第1話は、今はリンゴ園がある場所に、戦争中、軍が大量のドラム缶を埋めたと言う青年（堀雄二）が現れる話。石中先生をオブザーバーに近所の住民（渡辺篤）らが発掘作業を始めるが、らちが明かない。どうやら青年は、リンゴ園の娘モヨ子（木匠久美子）に恋しているらしい。

第2話は、露出度が高いダンスショー一座が町に公演に来たことで始まるドタバタ喜劇。チケットをもらった書店主の山田（藤原釜足）と客（中村是好）は、へ理屈をこねて、いそいそと見物に行く。それが山田の娘まり子（杉葉子）と、客の息子でまり子の婚約者、秀一（池部良）にばれて、大騒ぎ

※『石中先生行状記<東宝名作セレクション>』
DVD 発売中　2,750 円（税抜価格 2,500 円）　発売・販売元：東宝

※

になる。

第3話は、偶然の出会いと一目ぼれの話。入院中の姉を見舞いに行ったヨシ子（若山セツ子）は、帰途、馬車を乗り間違え、無口だがハンサムな貞作（三船敏郎）の家に泊まることになる。

3話とも、トラブルになると石中先生が登場。人情味あふれる解決策で、めでたしめでたしとなる。たわいない話だが、薄っぺらな感じがしないのが、成瀬の演出力だ。名人の落語と同じく、登場人物の感情の変化が生き生きと伝わってくる。

原作は、石坂洋次郎の短編集。若者の恋愛を温かく見つめ、欲望に振り回される大人をユーモラスに描く映画は、同じ石坂原作の『青い山脈』と共通している。戦争が終わり平和な日常が戻ってきた安心感も、明るさの背景にあるのだろう。

原作者の分身ともいえる主人公を演じた宮田は画家で、当時はラジオ番組にも出演する人気者だった。きらきら輝く若山と朴訥な三船のカップルがお似合いだ。

ここにも注目　三船が歌う「青い山脈」

成瀬監督の遊び心と、前年に公開された「青い山脈」（今井正監督）へのオマージュにあふれた作品でもある。

第3話でヨシ子（若山セツ子）が映画館に入ると、上映されているのは『青い山脈』。スクリーンに映っているのは、何と、若山自身が出演している場面だ。

馬車を引く貞作（三船敏郎）が、「若く明るい歌声に」と「青い山脈」の主題歌を歌い始め、荷台のヨシ子が唱和する場面もある。

第2話のカップル、杉葉子と池部良も、『青い山脈』で新子と六助役で共演しており、2本は密接につながっている。

▼95分。モノクロ。

『妻』心の動きスリリングに描く

出演＝上原謙、高峰三枝子、丹阿弥谷津子、三国連太郎ほか

２０２２年秋、うれしいニュースがあった。『妻』『杏っ子』など成瀬巳喜男監督の5作品が、初めてＤＶＤ化されたのだ。

今回取り上げる『妻』は、倦怠期の夫婦に訪れる危機がテーマ。夫婦の冷めた関係や、夫が別の女性に惹かれていく過程がリアルに描かれ、彼らの心がどう動き、どんな結末になるのか、はらはらする。

中川十一（上原謙）、美種子（高峰三枝子）は結婚10年目の子どもがいない夫婦。十一は都心の小さな商事会社に勤めているが、安月給で、美種子が編み物の内職をし、自宅の２階を人に貸して、家計を賄っている。

十一の同僚のタイピスト、相良房子（丹阿弥谷津子）は夫を亡くし、独りで幼い息子を育てながら、生活を楽しむ気持ちを忘れない魅力的な女性だ。十一と相良は、名曲喫茶でお茶を飲んだり、休日に美術展を見に行ったりしているうちに、お互いを求め合うようになる。間もなく相良は故郷の大阪に戻るが、２人の関係は深まっていく。

林芙美子の長編小説『茶色の眼』が原作。同じく林の原作を映画化した『めし』（１９５１年）で、大スター原節子に生活に疲れた妻を演じさせた成瀬は、『妻』では、気品のある美貌で知られる高

※『妻 <東宝 DVD 名作セレクション>』
DVD 発売中　2,750 円（税抜価格 2,500 円）　発売・販売元：東宝

峰に、せんべいをバリバリと食べさせ、箸で食べかすを取った後、お茶でうがいするという、大変な演技をさせている。もちろん、高峰だから、引き受けられた役なのだ。

※

美種子と対照的に、相良は自立した知的な女性であることが強調される。十一が会社の昼休みに、めざしがどんと乗った弁当を広げているそばで、おしゃれな手製のサンドイッチを食べる場面など、成瀬の食べ物の使い方のうまさに感心させられる。丹阿弥の上品な雰囲気も役にぴったりだ。

2階を間借りしているおしゃべりな画学生役の三國連太郎がコミカルな味を出しているのをはじめ、周辺の人物たちも生き生きと描かれている。

林原作の成瀬作品は、代表作『浮雲』（55年）を含め計6本もある。男女の話でありながらロマンチックではなく、行き詰まった感覚が漂うのが、このコンビの持ち味なのだろう。スリリングな大人の映画だ。

ここにも注目　DVDの写真は新珠三千代

DVDジャケットの表紙写真は上原謙と新珠三千代のツーショットだ。『妻』で、新珠が演じているのは、高峰三枝子が扮する美種子の妹、新村良美。亡くなった父と兄の着物を実家から持ち出し、「売れないか」と美種子に相談するちゃっかりした性格の女性だ。後半、美種子が実家に戻った時は、夫の元に帰るように説得するが、中心的な役柄ではない。

映画公開時のポスターは、高峰、上原、丹阿弥谷津子が大きな扱いをされており、DVDの表紙がなぜ上原と新珠の写真になったのかは謎だ。

▼96分。モノクロ。

1959年▼成瀬巳喜男監督

『コタンの口笛』

差別について考える契機に

出演＝幸田良子、久保賢、宝田明、森雅之ほか

成瀬巳喜男監督『コタンの口笛』は、差別に負けず、けなげに生きていくアイヌ民族の姉弟を主人公にした映画だ。

『浮雲』や『流れる』など〝女性映画の名手〟という成瀬のイメージと合わなかったせいもあるのだろう。上映機会が少なく見逃していたが、2022年秋、DVDが初めて発売され、勇んで観た。

マサ（幸田良子）とユタカ（久保賢、後に山内賢と改名）は、北海道・千歳川のほとりにあるコタン（アイヌの集落）に住む中学生の姉弟。

日本人の母親が亡くなった後、アイヌの父親（森雅之）は酒浸りになるが、隣家のおばあさん（三好栄子）や孫娘フエ（水野久美）らにも支えられ、明るく生きている。

マサが、中学校の美術の谷口先生（宝田明）に絵のモデルを頼まれたり、ユタカが英語の試験でクラスの最高点を取ったり、うれしい出来事もある。だが、アイヌだというだけの理由で、同級生から心ない差別を受けることも、たびたびある。

クラスで財布がなくなった時、持ち主の女生徒から疑いをかけられたマサは、堂々と反論する。好成績をカンニングと言われ「血が違う」と侮辱されたユタカは、お互いの指を切って血を比べようと

※『コタンの口笛<東宝 DVD 名作セレクション>』
DVD 発売中　2,750 円（税抜価格 2,500 円）　発売・販売元：東宝

※

立ち向かう。だが、姉弟の訴えを聞いたアイヌの大人たちは「昔はもっとひどかったのだから我慢しろ」と説得する。

石森延男の長編児童文学が原作。２部構成の長大な小説を、橋本忍が脚色。出来事の羅列ではなく、あらゆるものに魂が宿っているとするアイヌの人々の信仰や、語り継がれてきた昔話なども、印象深く紹介していく。

『ゴジラ』で知られる作曲家、伊福部昭が、少年時代にアイヌの子どもたちと交流した追憶を込めて担当した音楽も、映画に力を与えている。

成瀬といえば思い浮かべる男女の機微や庶民感情を巧みに描く作品とは異質だが、時代を超えて生きる良質な作品になっているのは、さすがだ。

アイヌに「区別なく」接してきた小学校の校長（志村喬）が、自分の息子とフエとの結婚話が起きると、差別意識を隠せなくなるエピソードは、私たちにも重い問いを突き付けてくる。今、多くの人に観てもらいたい映画だ。

ここにも注目　子どもが注目された年

『コタンの口笛』が公開された１９５９年は、子どもを主人公にした秀作が目立った。

黒人米兵を父に持つ幼い姉弟が差別や偏見に立ち向かう『キクとイサム』（今井正監督）。父母を亡くした在日コリアンの４人きょうだいが貧困の中で懸命に生きる『にあんちゃん』（今村昌平監督）。終戦から14年、戦後民主主義が掲げたヒューマニズムの下、意欲的な監督たちが、困難に直面している子どもの現実に目を向けた結果だろう。

巨匠、小津安二郎監督が庶民の家庭の小学生兄弟をユーモラスに描いた『お早よう』も、この年に公開されている。

▼126分。カラー。

1937年▼清水宏監督

『風の中の子供』

児童映画の不朽の名作

出演＝河村黎吉、吉川満子、葉山正雄、爆弾小僧ほか

清水宏監督（1903～66年）は戦前から活躍し、小津安二郎や溝口健二と並び称された名匠だが、長い間、忘れられていた時期があった。生誕100年を機に始まった再評価の流れの中で初めて観て、ユーモアにあふれ、伸びやかで、詩情豊かな作品に魅了された。

『風の中の子供』は、清水が得意とした児童映画の代表作。子どもたちが自然で生き生きとしていて、見終わった時、爽やかな気分になる。同い年で親友だった小津のサイレント時代の名作『大人の見る繪本（えほん）生れてはみたけれど』（32年）に匹敵する素晴らしい作品だ。

主人公は、小学5年生の善太（葉山正雄）と1年生の三平（爆弾小僧）の兄弟。勉強がよくできて、しっかり者の兄と、成績が悪く、やんちゃな弟。しょっちゅう兄弟げんかをしているが、実は大の仲良しだ。

ある日、父親（河村黎吉）が、会社で不正をしたと疑いをかけられ、警察に逮捕される。困った母親（吉川満子）は、三平を親戚の家に預け、善太を連れて住み込みで働こうとするが……。

坪田譲治の新聞連載小説が原作。突然、世間の冷たい風にさらされた兄弟が、さまざまな出来事を通して成長していく姿を描いていく。

見せ方が巧みで、笑いを誘う。例えば、母親から部屋で勉強するように命じられた三平が、脱出する場面。画面が切り替わると、無人の机が映り、三平がターザンのまねをして「アーアーアー」と叫ぶ声が、屋外から聞こえてくる。

三平が善太の「実況放送」に合わせて、五輪の水泳選手になりきり、ふとんの上で泳ぐ場面や、たらいに乗って川を下る場面も印象的だ。屋外を集団で走り回る子どもたちの姿は、少子高齢社会の今では懐かしい風景になった。

公開は37年11月。7月に盧溝橋事件が起き、日中は全面戦争状態に突入した。映画には戦争は出てこないが、幼い兄弟が感じる漠たる不安は、時代の雰囲気を反映しているのだろうか。疑いが晴れて家族の元に戻ってきた父親に抱き付き、うれし泣きした兄弟の幸せは長続きしたのか。それが気になる。

ここにも注目　戦後もユニークな作品

21歳で監督デビュー、田中絹代との恋愛が話題になるなど、戦前の松竹を代表する監督として華々しく活躍していた清水宏は、戦時中に松竹を離れフリーになった。

戦後、戦争孤児たちを引き取って育てていた清水は「蜂の巣」という映画プロダクションを設立。彼らを出演者にして、全てロケ撮影によるロードムービー『蜂の巣の子供たち』（1948年）を作った。

映画は好評で、続編の『その後の蜂の巣の子供たち』（51年）、『大仏さまと子供たち』（52年）も公開された。現在、これらの作品がソフト化されていないのは残念だ。

▼キネマ旬報ベスト・テン4位。86分。モノクロ。
DVDが松竹から販売中。

1953年▼五所平之助監督

『煙突の見える場所』

庶民の生活、生き生きと

出演＝田中絹代、上原謙、高峰秀子、芥川比呂志ほか

東京の下町で、身を寄せ合うように暮らす人々の哀歓を描いた五所平之助監督『煙突の見える場所』を、2022年暮れのDVD発売を機に再見。戦後の風俗や庶民の生活が、生き生きと映し出されているのに改めて感心した。

題名の由来は、1926年から63年まで東京都足立区で稼働していた千住火力発電所の煙突。高さ80メートルを超す4本の煙突が、見る場所と角度によって、3本、2本、1本に見えることから「お化け煙突」と呼ばれ、地域の住民に親しまれていた。

この煙突が3本に見える地域の、木造2階建ての家。この家を借りて1階で暮らす緒方隆吉（上原謙）、弘子（田中絹代）夫婦は、2階の2部屋を税務署員の健三（芥川比呂志）、街頭放送所のアナウンサー仙子（高峰秀子）に貸している。

足袋問屋に勤める隆吉は、戦災で夫を亡くした弘子と再婚。まだ熱々ムードが漂っている。だが、弘子が内緒で競輪場のアルバイトをしていることが発覚、夫婦に波風が立つ。さらに、見も知らぬ赤ちゃんが突然、家に置き去りにされる事件が起きる。犯人はどうやら弘子の前夫らしい。夫は死んでいなかったのだ。

※上原謙（左）と田中絹代

※

この赤ちゃんの登場が、隆吉夫妻のみならず、独身の下宿人2人や近所の住人にもドラマを引き起こしていく。プライバシーがない狭い空間で暮らしていることが、こうした下町的な連帯感を生み出すのだろうか。戸外で洗面、歯磨きをし、使い終わった水は道にまく。何げない日常生活の映像から、70年前の日本がリアルに伝わってくる。

上原、田中がちょっととぼけた感じをうまく出し、芥川が正義感に突き動かされる真面目な健三を好演。高峰の聡明さが映画を引き締めている。

弘子の夫のエピソードをはじめ、さまざまなところに、戦争の傷痕がある。だが、決して暗い映画でないのは、もう戦争で死ぬことはないのだという安心感が、人々にあるためだろう。貧しくて、つらいことが多くても、生きてさえいれば、きっと今よりいい日が来るはずだ。そんな時代の空気が映画に流れている。

ここにも注目　原作と映画の大きな違い

原作は、実存主義的な作風で知られる作家、椎名麟三の短編小説『無邪気な人々』。黒澤明監督『生きる』『七人の侍』などの共同脚本で中心的な役割を果たした小国英雄が、脚本を執筆した。

緒方隆吉と弘子夫婦の住む家に、赤ん坊が置き去りにされ騒動が起きるという物語は、原作と映画に共通しているが、東京都世田谷区だった原作の舞台は、映画では足立区の「煙突の見える場所」に変わっている。

この変更がとても効果的で、映画に庶民的な雰囲気や、不思議な明るさ、笑いを与える結果になった。

▼ベルリン国際映画祭国際平和賞受賞。キネマ旬報ベスト・テン4位。108分。モノクロ。DVDがファイヤークラッカー、ハピネット・メディアマーケティングから販売中。

1955年▼内田吐夢監督

『たそがれ酒場』巨匠内田吐夢の異色の傑作

出演＝津島恵子、野添ひとみ、小杉勇、宇津井健ほか

映画の世界は奥深い。内田吐夢監督『たそがれ酒場』は、大衆酒場のセットの中だけで全編を撮影した異色作。完成度の高さと面白さに驚く。内田の戦後の代表作である『宮本武蔵』や『飢餓海峡』のような大作ではないが、多彩な音楽を効果的に使って、１９５５年の日本社会の縮図を見事に表現している。

舞台になるのは、さまざまなつまみをそろえ、店内のステージで生演奏の歌やストリップショーも楽しめる庶民的な雰囲気の酒場。開店前に常連の梅田（小杉勇）がやってくるシーンから映画は始まる。有名な画家だった梅田は、自分が描いた戦争画で若者を戦地に送ったことを悔いて、戦後はパチンコで稼いで暮らしている。

ステージでは、江藤（小野比呂志）のピアノ演奏で、若い専属歌手の健一（宮原卓也）がシューベルトの「菩提樹」を練習している。かつて歌劇界の花形だった江藤には、妻とまな弟子に裏切られた過去があった。

店が開くと、勤め人や学生など続々と客が詰めかける。女性客も結構多い。気勢を上げていた戦友同士（東野英治郎、加東大介）が、「若者よ」と合唱を始めた大学生グループに怒鳴ったり、店で働

※『たそがれ酒場』
発売日　DVD 発売中　価格　2,750 円（税込）　販売元：株式会社ファイヤークラッカー
販売協力：ハピネット・メディアマーケティング　Ⓒ国際放映

※

く女性（野添ひとみ）の恋人（宇津井健）と地回りのぐれん隊（丹波哲郎）が対決したり、幾つもの事件が起きる。

健一が歌う「カチューシャの歌」、のど自慢大会で酔客が歌う「お富さん」、店外を通るデモ隊の労働歌。ジャンルを超えた音楽が流れ、クライマックスのストリップショーが始まる。ローザ（津島恵子）の登場だ。

パリの下町を舞台にしたフランス映画のような趣があるのは、一夜の出来事を、過度にセンチメンタルにならずに描いているからだろう。中心的な登場人物である梅田の「戦争中にわしがやってきたことは間違いだったと気付いた」という告白は、戦争末期に満州（現中国東北部）へ渡り、満州映画協会に在籍した内田自身の思いが重なっているようにも聞こえる。戦後、中国に残留。53年にようやく帰国した内田が、貧しさの中で懸命に前を向いて生きる人々に託す希望が、映画を貫いている。

ここにも注目

小杉勇と戦前から名コンビ

内田吐夢（1898～1970年）は岡山市出身。本名は常次郎。横浜のピアノ製作所に勤めた少年時代のあだ名「トム」が、芸名の由来となった。20年に映画界に入り、監督助手、俳優などを経て監督に。35年、日活多摩川撮影所に入り、小杉勇主演の『人生劇場』『限りなき前進』『土』などの傑作を次々に発表した。戦中に満州に渡り、敗戦後、満州映画協会理事長だった甘粕正彦の自決現場に立ち会った。

帰国後、多くの映画人の協力を得て、片岡千恵蔵主演『血槍富士』で見事にカムバック。復帰第2作が『たそがれ酒場』だった。

▼94分。モノクロ。

1973年▼豊田四郎監督

『恍惚の人』

名演技で見せる老いの実相

出演＝森繁久彌、高峰秀子、田村高廣、乙羽信子ほか

豊田四郎監督『恍惚《こうこつ》の人』は、1973年の公開当時、森繁久彌のリアルな老いの演技が話題になった作品だ。

原作は、前年に出版されベストセラーになった有吉佐和子の長編小説。認知症という言葉がまだなく、「ぼけ」「痴呆症」と呼ばれていた時代に、その実態を「恍惚の人」と名付け、介護に追われる家族の姿とともに描き大きな共感を呼んだ。

公開から50年。20代だった団塊世代が70代になり、高齢者問題がさらに深刻化している今、再び脚光を浴びていい映画だ。

東京都内の弁護士事務所で働く立花昭子（高峰秀子）は、サラリーマンの夫、信利（田村高廣）、高校生の敏（市川泉）と一軒家で暮らし、離れに信利の父、茂造（森繁）夫妻が住んでいる。

80歳を越す茂造は、長年連れ添った妻の死がきっかけで様子がおかしくなる。自分の息子が分からず、食べ物に異常な執着を示す。症状は急速に進み、日常生活がまともにできなくなるにつれ、茂造は面倒を見てくれる嫁の昭子だけを認識し、頼りにするようになる。

「おじいちゃんは、もう人間じゃなくて動物だ」と、孫の敏は突き放すが、茂造が徘徊すると必死で

※『恍惚の人』
DVD 発売中　4,950 円（税抜価格 4,500 円）　発売・販売元：東宝

※

追いかけるなど優しいところがある。むしろ、頼りにならないのは信利で、仕事が忙しいのを口実に、実の親の介護に参加しようとしない。やがて、排せつの問題が起き、仕事を抱えながら、夜も眠れず介護を続ける昭子は、精神的にも肉体的にも追い詰められる。

老人クラブなど当時の福祉の実態も描写され、公開の年に60歳になった森繁が、20歳以上年上の茂造になりきり、全身で老いを表現している。無残な老醜の中にも、子どものような無邪気さとユーモアを感じさせるのは、さすがだ。高峰も、何十回も出てくる「おじいちゃん」というせりふを、そのたびに抑揚や声色を変え、さまざまな感情を表現している。

雨の中、昭子と一緒に歩いていた茂造が、泰山木の花に見入り、昭子がそっと傘を差しかけるシーンは胸に染みる。身につまされるが、決してつらい映画ではない。名作『夫婦善哉』の豊田、森繁コンビらしい笑いと優しさがある。

ここにも注目　さまざまな世代が登場

立花家の家族は、80代の茂造、亡くなった70代の妻、おそらく40～50代の信利、昭子の夫婦、10代の敏で構成されている。さらに後半、共働きの夫婦が家を空ける日中に茂造の面倒を見るという条件で、20代の大学生カップル（伊藤高、篠ひろ子＝当時の芸名は篠ヒロコ）が離れに下宿する。

こうした多様な世代が老いに対するさまざまな考えを披露するのも、この映画の面白さだ。

また、昭子が仕事を持っているのに、在宅介護の負担が集中する描写から、いかに日本社会が女性に犠牲を強いてきたかがよく分かる。現在はどうだろうか。

▼キネマ旬報ベスト・テン5位。102分。モノクロ。

【Column】

老いを明るく受けとめ、次世代へつなぐ『恍惚の人』から半世紀、多様に変化

ここでは映画と老いをテーマに考えてみたい。

まず、紹介したいのは、2013年に90歳で亡くなった名優、三國連太郎の話だ。家城巳代治監督『**異母兄弟**』（1957年）に、傲慢な戦前の軍人役で主演した三國は、老醜をさらす終盤の演技に悩み、親友の西村晃に相談した。

「彼が歯を抜くのが一番いいと言うので、6本だったか、8本だったか、撮影中に前歯を全部抜いたんですよ。麻酔をかけない方が後が楽だというんで、まとめて抜いたら、血だらけになって顔が腫れ上がりました」。2010年、自宅に伺ってインタビューをしていた時、そう言いながら突然入れ歯を外し、こちらが驚くのを見て、うれしそうに笑っていた三國が懐かしい。

初共演した田中絹代が妻役だったのも、抜歯の動機になったという。当時三國は34歳、田中は47歳。デビュー6年目の三國にとって、日本映画界を代表する大スターとの共演は、胸が躍る出来事だった。「絹代先生より年上の老人になりきらねば」という責任感が、聞く者が震え上がるエピソードを生んだ。

補足しておきたい話もある。『異母兄弟』で三國の妻役だった田中は、これより前の1949年、吉村公三郎監督『**真昼の円舞曲**』で老け役を演じた際に、健康な前歯4本を抜いていた。しかも、『異母兄弟』の翌年、木下恵介監督『**楢山節考**』で、主役の間もなく70歳になる「おりん婆さん」を演じた時は、石臼にかみつき前歯を折るシーンに挑んでいるのだ。

日本映画の黄金期といわれる50年代にはすごい俳優たちがいたという話だが、ここで言いたいのは、当時の作品で印象的な老人のほとんどは、実年齢がはるかに下の俳優が演じていたということだ。小津安二郎監督『**東京物語**』（53年）で老いと孤独を見事に表現した笠智衆は、公開当時49歳だった。〝日本一のおばあちゃん女優〟といわれた北林谷栄が新藤兼人監督『**原爆の子**』（52年）で「おとよ婆さん」を演じたの

は、41歳の時だ。それが、50年代の日本映画では当たり前のことだった。

▼原作はベストセラー

55年には男性が63・60歳、女性が67・75歳だった平均寿命は、70年には男性69・31歳、女性74・66歳と大幅に伸びた。だが、急速に進行する高齢化が、これまではなかったさまざまな問題をもたらすことに、多くの人はまだ気付いていなかった。「認知症」という言葉はまだ生まれてなく、「ぼけ」とか「痴呆症」と呼ばれていた時代だった。

豊田四郎監督『**恍惚の人**』（73年、本書148頁）は、現在ますます深刻な課題になっている日本社会の老人問題を先駆的に描いた作品だ。原作は、作家の有吉佐和子が、長期にわたるリサーチに基づき、衰弱していく老人とその介護に追われる家族の実態をリアルに描いた長編小説。映画の前年の72年に出版されると、たちまちベストセラーになり、「恍惚の人」は流行語になった。

原作をほぼ忠実に映画化した作品では、撮影時に59歳だった森繁久彌が、84歳の老人になりきった演技が評判になった。無残な中にも子どものような無邪気さとユーモアを感じさせる森繁の演技は見応えがある。さらに、その介護を一手に引き受ける息子の妻役の高峰秀子が素晴らしい。高峰の演じる女性が、外に仕事を持ちながら、家庭では「嫁」「妻」「母」「主婦」として、負担を強いられる姿や、老人クラブなどを含めた当時の福祉の実態など、現在と比較すると極めて興味深い描写もある。公開から半世紀たった今、改めて注目されていい作品だと思う。

▼老いてもチャーミング

23年7月に発表された前年の日本人の平均寿命は、男性81・05歳、女性87・09歳だった。1955年から比べると、男女とも20歳近く伸びている。そうした現実を反映するように、映画の世界でも、以前に比べ、老いを扱う多様な作品が生まれてきている。そして、過去の映画と比べて大きく変わったのは、70代、80代の元気な俳優たちが主演する明るい映画が増えたことだ。

そうした映画の収穫として、山田洋次監督『**こんにちは、母さん**』と三原光尋監督『**高野《たかの》豆腐店の春**』の2本を挙げておきたい。それぞれの作品の主役である78歳の吉永小百合、82歳の藤竜也が、いずれもチャーミングでかわいく、見終わった後とても気持がいい映画だ。『こんにちは、母さん』では吉永と息子役の大泉洋、『高野豆腐店の春』では、藤と娘役の麻生久美子という親子関係が物語の軸になることや、両作とも戦争の傷痕が描かれている、などの共通点もある。

老いは、いつか誰もが通る道なのだから、その先に待つ病や死を恐れるより、今のこの時間を大切にして、次の世代に大事なことを引き継いでいこうじゃないか。2本の映画からは、そんな思いが伝わってくる。多くの人が無事で老いを迎えられるために、戦争は二度としてはならない、というメッセージも届いてくる。

（「Ｋｙｏｄｏ Ｗｅｅｋｌｙ」２０２３・９・18号）

Ⅱ－2　黄金期の撮影所で培った実力

1955年▼田中絹代監督

『乳房よ永遠なれ』

薄幸の歌人の生に寄り添う

出演＝月丘夢路、森雅之、葉山良二、杉葉子ほか

生涯で約260本もの映画に出演し、日本映画史に大きな足跡を残した名優、田中絹代は、監督としても6本の作品を残している。『乳房よ永遠なれ』は、その3作目。乳がんのため31歳で亡くなった歌人、中城ふみ子の実話に基づく物語だ。脚本は、成瀬巳喜男監督『めし』などで知られる田中澄江。主人公の苦悩と情熱に寄り添うような、田中絹代監督の丁寧な演出が印象的だ。

札幌近郊で2人の子どもと暮らす下城ふみ子（月丘夢路）は、冷え切った夫との関係を紛らわすように、短歌に打ち込んでいる。夫の浮気が原因で離婚。息子は夫の元に引き取られ、娘を連れて実家に戻る。短歌を続けるふみ子の心の支えは、学生時代の友人きぬ子（杉葉子）の夫で、歌人の堀卓（森雅之）の存在だ。弟（大坂志郎）の結婚式当日、身の置き場がないふみ子は、堀の家を訪ね、秘めてきた思いを告白する。だが、その後間もなく、持病があった堀は急死。さらに、ふみ子は、乳がんと診断され、乳房を切除する手術を受ける。

ここまで約45分。テンポがいい。さまざまなエピソードを通じ、ふみ子の激しい性格が伝わってくる。後半は、ふみ子の短歌が歌壇で注目され、東京の新聞記者の大月（葉山良二）が、入院中のふみ子を訪ねてくる話が柱となる。

※月丘夢路（右）と葉山良二

多彩な映像に感心する。病室に横たわるふみ子の手鏡など小道具を効果的に使い、ラブシーンでは、細かいカット割りで、限られた命の炎を燃やすふみ子の姿を情感豊かに表現した。

田中の監督作品は、出演作に比べ注目されてこなかったが、2021年のカンヌ国際映画祭クラシック部門で、2作目の『月は上りぬ』が上映され、世界的に脚光を浴びるようになった。

2023年2月、『乳房よ永遠なれ』と『月は上りぬ』の4Kデジタル復元版ブルーレイが発売されたのを機に視聴。俳優の余技とは全く言えないレベルの高さに驚いた。女性であり、自らも演技者であったことが、『乳房よ―』の月丘の迫真の演技をはじめ、女性たちのさまざまな顔を引き出す力になっている。

※

ここにも注目

是正されない男女格差

日本映画は長い間〝男の世界〟だった。劇映画の女性監督は、1936年に『初姿』を作った坂根田鶴子が第1号。2人目が田中絹代だった。田中は53年に『恋文』で監督デビュー。62年の『お吟さま』まで、計6本の監督作品を撮った。

男女格差は今なお深刻だ。「Japanese Film Project（JFP）」が2022年7月発表した「日本映画業界の制作現場におけるジェンダー調査」によれば、2021年の劇場公開映画における女性監督比率はわずか12%だった。過去3年間、映画業界の女性比率はほぼ横ばいで改善の傾向はみられない、とJFPは分析している。

▼110分。カラー。
4Kデジタル復元版のブルーレイが日活から販売中。

1961年▼松山善三監督

『名もなく貧しく美しく』

手話の普及に大きな貢献

出演＝高峰秀子、小林桂樹、原泉、草笛光子ほか

2022年の米アカデミー賞作品賞を受けた『コーダ　あいのうた』、大反響があったテレビドラマ『silent』など、聴覚障害をテーマにした映像作品が相次いでいる。

松山善三監督『名もなく貧しく美しく』は、こうしたジャンルの先駆的な作品だ。耳の不自由な夫婦が、戦後の混乱期・復興期を懸命に生き抜いていく姿を感動的に描き、手話の普及に大きな役割を果たしたといわれている。

秋子（高峰秀子）は3歳の時に高熱を出し、聴力を失った。道夫（小林桂樹）は生まれつき耳が聞こえない。

終戦直後に夫が病死。婚家から縁を切られて実家に戻っていた秋子は、ろう学校の同窓会で道夫と出会う。戦争で父母兄弟を亡くし、鋳物工場で働いている道夫は、初デートで結婚を申し込み、秋子も受け入れる。夫婦は骨身を削って働き、やがて子どもが生まれる。

ここまで約40分。松山は、自ら書いたオリジナル脚本を基に、初監督作品と思えぬほど、スピーディーで完成度の高い作品に仕上げている。

出会ったばかりの秋子と道夫が手話で会話する場面が、すてきだ。2人の表情や、向き合う姿とと

※棚峰秀子（左）と小林桂樹

もに、手話の言葉を文字にした字幕が画面に出る。電車がごう音を立てて走り、流行歌が大音響で流れているが、2人は騒音に邪魔されずに手話を続け、心を通わせる。高峰と小林の演技は、声を出していないことを忘れさせるほど見事だ。

中盤以降も、2人に訪れる悲劇や2人目の子どもの誕生と成長など、盛りだくさんなドラマが展開される。健常者の差別意識も描き、きれいごとでは終わらせていない。

「私たちは初めから苦しむために生まれてきたような気がします」。秋子は絶望のどん底で道夫に訴え、2人は必死で危機を乗り越えていく。そしてようやく「一人前の夫婦」になれたと感じた時、道夫は言う。

「自分が幸せになれたら、今度は人の幸せを考えなければならないと思います」

声に出すのは照れくさいほど真っすぐな言葉が、手話を通して素直に伝わってくる。公開から60年以上を経て、2人のような人々が報われる社会になっているだろうか。

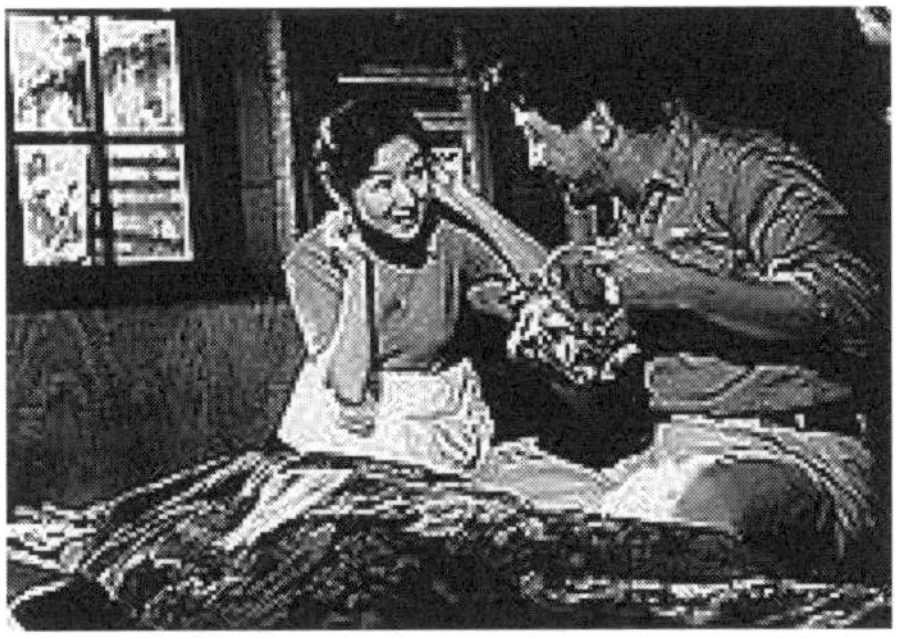
※

ここにも注目　映画界のおしどり夫婦

監督の松山善三（1925～2016年）と主演の高峰秀子（1924～2010年）は1955年に結婚。共に映画人生を歩み、おしどり夫婦といわれた。

2人は、木下惠介監督『二十四の瞳』の撮影現場で、助監督と主演俳優として出会った。松山は脚本家として活動する傍ら、『ふたりのイーダ』『典子は、今』など、ヒューマニズムに富む監督作品を発表し続けた。

戦前から天才子役として知られ、日本映画を代表する俳優である高峰は、エッセイストとしても活躍。著書『わたしの渡世日記』で、2人の出会いを軽妙に記している。

▼キネマ旬報ベスト・テン5位。129分。モノクロ。
DVDが東宝から販売中。

1962年▼市川崑監督

『破戒』今も心を打つ差別への怒り

出演＝市川雷蔵、長門裕之、藤村志保、三國連太郎ほか

自分のルーツを明かすだけで差別の対象になる。それは、どんなにつらく、悔しいことだろう。島崎藤村の長編小説を映画化した市川崑監督『破戒』は、そうした理不尽な身分差別にさらされた青年の苦悩を、真正面から描いた作品だ。

明治時代後期の長野県。小学校の教師、瀬川丑松（市川雷蔵）は、被差別部落の出身であることを、周囲に隠して生きてきた。決して出自を打ち明けるな、という父親（浜村純）の固い戒めを、守り抜いてきたのだ。

だが、父の突然の死がきっかけで、丑松の決意が揺らぎ始める。被差別部落の出身であることを公にしている解放運動家、猪子蓮太郎（三國連太郎）との出会いも、大きな影響があった。やがて学校で丑松の出自についてうわさが広まる。親友の教師、土屋（長門裕之）は、彼は〝普通の人〟だとかばうが、その言葉は逆に丑松を傷つける。

監督の妻で、名脚本家として知られた和田夏十のシナリオが素晴らしい。さまざまな出来事が重なり、丑松が追い詰められていくストーリーを縦糸に、周囲の人々の普段は隠している欲望や本音も引きずり出していく。

心を打つのは、父の戒めを破ってしまい、絶望の淵に沈む丑松に、猪子の妻（岸田今日子）が語りかける場面だ。「うわさするなら、させておきなさい」「差別するのは間違っている」「いつかこういうことが問題にならぬ世の中がくるだろうと信じている」。原作にはないこれらのせりふは、悲しみと静かな怒りに満ち、60年以上たった今も力を持っている。

雷蔵が美しい。同じ市川崑監督とのコンビの『炎上』に通じる、陰のある青年を演じて輝いている。丑松が下宿する寺の養女、お志保を演じた藤村志保は、これが実質的なデビュー作。原作者の名前「藤村」と、役名「志保」から名付けられた芸名にふさわしい、気品ある演技を見せる。

撮影・宮川一夫、音楽・芥川也寸志、美術・西岡善信、照明・岡本健一と、日本映画黄金期を代表するスタッフが勢ぞろい。雪の中で猪子が襲われる印象的な映像や、アップを効果的に使って心情を表現する技巧は、まさに一級品だ。

ここにも注目　これまでに3回映画化

『破戒』はこれまでに3回、映画化されている。最初は1948年の木下恵介監督作品。元々、阿部豊監督が、久板栄二郎脚本、池部良主演で撮影を始めたが、東宝争議で中止を余儀なくされ、松竹に持ち込まれて、木下が引き継いだ。お志保は桂木洋子が演じた。

2回目が市川崑監督。撮影中止になった阿部作品に助監督として参加していた市川が、長年の執念を実らせた。

3回目は2022年で、市川作品から60年ぶりの映画化となった。前田和男監督、加藤正人脚本。丑松は間宮祥太朗、お志保は石井杏奈が演じている。

▼キネマ旬報ベスト・テン4位。119分。モノクロ。
『破戒　修復版』のブルーレイがKADOKAWAから販売中。

1963年▼山田洋次監督

『下町の太陽』

山田洋次監督の原点がある

出演＝倍賞千恵子、勝呂誉、早川保、待田京介ほか

『下町の太陽』は、山田洋次監督の長編デビュー作だ。『男はつらいよ』シリーズの柴又と同じく、東京の下町情緒にあふれた町が舞台で、ヒロインを演じるのは「寅さんの妹さくら」でおなじみの倍賞千恵子。まさに山田映画の原点という言葉にふさわしい一作だ。

寺島町子（倍賞）は、東京都墨田区のせっけん工場で働く若い女性。母親は病死したが、祖母、父、2人の弟と一緒に仲良く暮らしている。

同じ工場の事務職員でボーイフレンドの毛利（早川保）は、正社員を目指し、社内試験の勉強に励んでいる。彼の夢は、都心の本社勤務になり、町子と結婚して郊外の団地で暮らすことだ。町子はその気持ちは知っているが、元同僚の新婚生活を見て、家庭を守ることだけが女性の幸福ではない、と感じ始めている。

そんな彼女の前に、鉄工所で働く青年、北（勝呂誉）が現れる。通勤電車で見かけた町子に惹かれ、近づいてきたのだ。初めは警戒していた町子は、北の誠実な人柄を知り、一晩だけデートに付き合う。しかし、結局、毛利の存在を告げ、北は傷心で去っていく。

その後、ある交通事故がきっかけで、町子は自分が本当はどう生きていきたいのかを自覚すること

になる。

タイトルで流れるジャズ風な音楽は、反抗的で前衛的な響きがする。だが中身は、いかにも山田らしい真面目さが全編を貫くオーソドックスな青春映画だ。その後の山田作品で繰り返し取り上げられてきたテーマや映像も、既にこの中にある。

例えば、北が町子に、自分は母親と縁が薄いと告げる言葉は、『男はつらいよ』の寅も同じような寂しさを抱いていたことを思い出させる。町子を乗せて走り始めた都電に北が追いすがる場面は、柴又駅での寅とさくらの別れに重なる。見舞いの果物かごを「メロンが入っている」と町子の近所の人たちが値踏みする場面は、メロンを食べ損ねた寅が激怒する爆笑シーンを思い起こさせる。

山田は、60年前のこの作品から90作目の『こんにちは、母さん』まで、庶民の哀歓を描き続けてきた。作風を貫くことのすごさを改めて感じる。

ここにも注目　倍賞のヒット曲が基に

1954年に東大を卒業、松竹に入社した山田洋次の初監督作は、上映時間56分の『二階の他人』（61年）。30歳での監督デビューだった。

その後、助監督生活に逆戻りしていた山田に「倍賞千恵子のデビュー曲で大ヒットしている『下町の太陽』を題材にして監督をやらないか」と、会社から話が来た。

「銀座の恋の物語」や「いつでも夢を」など、ヒット曲を基にした〝歌謡映画〟がブームで、その流れに乗った企画だった。松竹は映画公開に際し、倍賞と勝呂誉のコンビを「サニー・カップル」として売り出した。

▼86分。モノクロ。DVDが松竹から販売中。

1980年▼山田洋次監督

『男はつらいよ　寅次郎ハイビスカスの花』

寅さんがプロポーズ！

出演＝渥美清、倍賞千恵子、浅丘ルリ子、江藤潤ほか

山田洋次監督、渥美清主演『男はつらいよ』の第1作公開は1969年だった。95年までに48作が作られたシリーズでは、主人公の車寅次郎がマドンナに片思いし、結局は振られる話が繰り返されるが、例外も何本かある。

その多くは、幼なじみの千代（八千草薫）から愛を告白された第10作『寅次郎夢枕』のように、珍しく両思いになった途端に、なぜか寅が逃亡するパターンだが、この第25作『寅次郎ハイビスカスの花』は、さらにひと味違っている。何と、寅がプロポーズの言葉を口走ってしまうのだ。

寅の妹、さくら（倍賞千恵子）の夫、博（前田吟）は、東京・小岩で寅の昔なじみの旅回りの歌手、松岡リリー（浅丘ルリ子）と偶然出会う。

1カ月後、柴又に帰ってきた寅に、リリーから速達が届く。旅先の沖縄で吐血し入院中だという。沖縄に駆けつけた寅は、リリーを献身的に看護。病が回復したリリーは、海辺の小さな家を間借りして、寅と一緒に暮らし始める。

寝室は別だが仲のいい2人を、周囲は夫婦のように扱い、リリーからも結婚を夢見る言葉が出る。だが、寅は逃げ腰になり、リリーに好意を抱く大家の息子、高志（江藤潤）にいさめられると、暴言

を吐いてしまう……。

この作品を見ると、浅丘がなぜ「最高のマドンナ」と呼ばれたかがよく分かる。リリーも寅も一生懸命に生きているのだが、さくらや博、おいちゃん、おばちゃん、タコ社長ら下町の「かたぎの人々」とは違う世界の住人なのだ。落ち着いた暮らしには向かない流れ者の誇りと切なさを、浅丘が見事に表現している。

初登場の『寅次郎忘れな草』、メロンを巡る爆笑場面が名高い『寅次郎相合い傘』、シリーズ最終作『寅次郎紅の花』。リリーが登場する他の3作品も観てほしい。

「リリー、俺と所帯を持つか」。終盤、再会したリリーに、思わず気持ちを口に出してしまった寅が、場を取り繕おうとする。そのときの手の震えと表情に、稀代の喜劇俳優の至芸がある。

さて、プロポーズの結末はどうなるか。ラストまで10分、シリーズ屈指の名場面が続く。

ここにも注目

特別篇の主題歌は八代亜紀

奄美大島を舞台に、リリーが登場したシリーズ第48作『寅次郎紅の花』が公開されたのは1995年。その翌年、渥美清が68歳で死去。97年11月、『寅次郎ハイビスカスの花　特別篇』が、シリーズ第49作として公開された。

第25作冒頭の夢の部分をカット。ほぼ同じ長さで、寅さんのおい、満男（吉岡秀隆）が、旅に出たままの伯父さんを思う場面を挿入。タイトルとともに流れる主題歌は渥美の代わりに八代亜紀が歌っている。

中身の物語は第25作と同じだが、終盤で再び満男が登場。物語を締めくくる形になっている。

▼104分。カラー。
ブルーレイ、ＤＶＤが松竹から販売中。

1991年▼山田洋次監督

『息子』
若者の恋と老人の孤独描く

出演＝三國連太郎、永瀬正敏、和久井映見、原田美枝子ほか

山田洋次監督『息子』は、田舎で1人暮らす父親と、都会で自分に合う仕事を探す息子を主人公に、日本社会と家族の在り方を見つめた映画だ。

地方の過疎化や高齢化社会の進行、バブル景気の中でのフリーターの増加、外国人労働者への差別、障害者との共生。現在に通じるさまざまな課題を、30年以上前に取り上げているのに驚くが、最大の魅力は、老人の孤独と若者の恋を鮮やかに描いていることだ。

東京・新宿の居酒屋でアルバイトをしている浅野哲夫（永瀬正敏）は、母の一周忌の法事で帰省する。岩手県の実家には父親の昭男（三國連太郎）が1人で住み、農業をほそぼそと営んでいる。東京の大会社に勤める長男夫婦（田中隆三、原田美枝子）、県内に嫁いだ長女（浅田美代子）は今後を心配するが、昭男は「自分の始末は自分でつける」と怒り出す。さらに、次男の哲夫に対しても、定職に就かずふらふらしていることを叱る。

帰京した哲夫は、下町にある鉄鋼製品を扱う会社で働き始める。そして、製品の配達先の倉庫で働く、無言だがいつも優しい笑顔を見せてくれる女性、川島征子（和久井映見）に恋をする。手紙を渡した哲夫は、征子が「聞こえないし、しゃべれない」ことを知る。

山田演出がさえている。いかりや長介、田中邦衛らを哲夫の仕事仲間に起用して、下町情緒を盛り上げ、若い2人の恋の経緯は大胆に省略する。物語は、法事から約1年後、戦友会で上京した昭男が長男宅を訪ねるところから、佳境を迎える。

いずれも山田作品初出演の三國、永瀬、和久井のアンサンブルが見事だ。しっかり者の長男の家では居心地が悪そうだった父親が、次男の部屋では伸び伸びとし、初対面の征子を素直に受け入れ、感謝する。何度見ても涙ぐんでしまう場面だ。

軍隊で部下を殴っても、のうのうと生きている戦友会のメンバーはいるが、映画は彼を断罪することもない。善意と優しさが全編を貫いている。息子らと別れ、岩手の無人の家に帰った昭男は父母や妻、3人の子どもと楽しく過ごしていた頃の幻影を見る。あの幸せは二度と戻ってこないことは、昭男が誰よりもよく知っている。

ここにも注目　原作は椎名誠

原作は椎名誠の短編小説『倉庫作業員』。短編集『ハマボウフウの花や風』に収録されている。

主人公の浅野哲夫は大学を中退し、金属製品を扱う倉庫でアルバイトを始める。製品の配達先で働いている「ふわり」と花のように笑う女の人に恋をした哲夫は、彼女の同僚から聴覚障害を知らされる。だが哲夫は思う。「いいではないか」

映画『息子』の恋の部分は原作にあるが、父親も兄弟の話も全くない。この小説を核に、家族の物語に成長させた脚本（山田洋次・朝間義隆）の力に脱帽する。

▼キネマ旬報ベスト・テン1位。121分。カラー。
DVDが松竹から販売中。

1964年▼須川栄三監督

『君も出世ができる』

掘り出し物ににんまり

出演＝フランキー堺、高島忠夫、雪村いづみ、中尾ミエほか

映画の楽しみの一つは、掘り出し物に出合うことだ。長年見逃していた須川栄三監督『君も出世ができる』を、数年前に初めて観た時もそうだった。ブロードウェーミュージカルと『社長シリーズ』が合体したような面白さに、にんまりしてしまった。

もっとも、この映画は無名だったわけではない。公開時はヒットしなかったが、リバイバル上映などで人気を集め、90年代以降にレーザーディスクやＤＶＤが発売されている。「和製ミュージカル映画の金字塔」といううたい文句はやや大げさな気もするが、個人的なミュージカル映画ベストテンにはぜひ入れたい快作であるのは確かだ。

64年東京五輪を目前に控え、大手旅行会社、東和観光は、海外からの訪日客の獲得を巡り、ライバル会社と争っている。

外国人旅行課勤務の山川（フランキー堺）は会社の独身寮暮らし。毎日、早朝に目覚まし時計をセットし、出勤前に猛烈なトレーニングをする。「ラッシュアワーを生き抜くために、他人の足を引っ張るために」と歌いながら、山川は体を鍛える。そうすれば「出世ができる」からだ。

冒頭で描かれる朝の日課が見せ場だ。牛乳を一気飲みし、スーツを着込んで、市松模様のマイカー

※『君も出世ができる』
DVD 発売中　4,950 円（税抜価格 4,500 円）　発売・販売元：東宝

※

で出勤するまでの数分間。フランキーがスピーディーで天才的な体の動きを披露する。それに続くタイトルデザインもおしゃれで浮き浮きする。

物語は、山川と、同じ職場の後輩で山川とは対照的にのんびりした性格の中井（高島忠夫）との凸凹コンビを軸に進む。

米国帰りで旅行課のトップに就任した社長令嬢（雪村いづみ）が、米国流合理主義を社員に説いて歌う「アメリカでは」は耳に残る。電車の車内のようなバーでの、あっと驚く植木等の登場や、東京・丸の内の路上でサラリーマン数百人が群舞する場面など、映画史的に貴重な映像もある。

脚本は笠原良三と井手俊郎。音楽は黛敏郎。振り付けは関矢幸雄。作詞は谷川俊太郎。美術は市川崑監督『細雪』などの村木忍。そうそうたるスタッフが、時代に先駆けて本格的なミュージカル映画に挑んだ情熱が、今も作品を輝かせている。

ここにも注目　本場に学び作品に生かす

振り付けの関矢幸雄は、東宝ミュージカル『君にも金儲けができる』（1962年、東京宝塚劇場）なども担当していた。2021年に94歳で死去した関矢は、生前、映画評論家、佐藤利明のインタビューに答え、貴重な証言を残している。

印象的なのは、東宝が日本初のブロードウェーミュージカルとして63年に上演した『マイ・フェア・レディ』の終了後、演劇部の総帥、菊田一夫のポケットマネーで世界を回ったエピソードだ。

須川栄三監督が映画に先立って渡米。本場で研究した話と合わせ、製作者たちの意気込みが伝わってくる。

▼100分。カラー。

1964年▼松尾昭典監督

『風と樹と空と』
吉永のコミカルさ引き出す

出演＝吉永小百合、浜田光夫、川地民夫、十朱幸代ほか

松尾昭典監督『風と樹と空と』は、アイドル時代の吉永小百合が、コミカルな演技に体当たりで挑んだ青春娯楽映画だ。公開は1964年7月。同年の主演作『潮騒』『愛と死をみつめて』ほど話題にならなかったが、吉永のコメディエンヌとしての才能を引き出した貴重な一本と言えよう。

東北の高校を卒業した沢田多喜子（吉永）は、両親の勧めもあって、お手伝いさんを志望。集団就職列車で上京し、高級住宅街で暮らす裕福な安川家に住み込む。

安川家は、会社社長の父（永井智雄）、上品な母（加藤治子）、大学生の息子（川地民夫）、高校生の娘（槇杏子）の4人家族。多喜子は都会的でスマートな息子に淡い憧れを抱くが、彼は恋人（十朱幸代）との屈折した関係に悩んでいた。

〝大人の恋愛〟から取り残されたように感じた多喜子は、集団就職仲間の結婚を祝う席で悪酔いし、アパートの部屋から夜の街に飛び出してしまう。多喜子を心配して追いかけ、面倒を見てくれたのは、町工場に就職した手塚新二郎（浜田光夫）だった。

よく笑い、よく食べ、驚くと「馬のように」人を蹴飛ばし、褒め言葉でもお金でも、もらえるものは何でももらう。明るくて活発で、ちゃっかりしたところもある多喜子を、吉永が生き生きと演じて

※『風と樹と空と』のポスター、吉永小百合（左）と浜田光夫

いる。酔っぱらって夜道をふらつきながら「高校三年生」を大声で歌い、千鳥足の中年サラリーマンと偶然デュエットになる場面など、笑みがこぼれる箇所も多い。

原作は『若い人』『青い山脈』などの石坂洋次郎が、女性週刊誌に連載した同名の小説。石原裕次郎映画の名手といわれた松尾は、テンポ良い演出で、東京五輪直前の若々しい日本社会の風俗とエネルギーを描いた。

タイトルカットや劇中で、「週刊新潮」の表紙絵でおなじみの画家、谷内六郎のほのぼのとする絵が挿入されるのも、おしゃれだ。後半はやや駆け足になるが、よくある恋愛映画で終わらせず、ユーモラスで元気が出るラストにしたのもよかった。多喜子も集団就職の仲間たちも、それぞれの道を歩んでいく。彼らの人生の旅はスタートしたばかりなのだ。

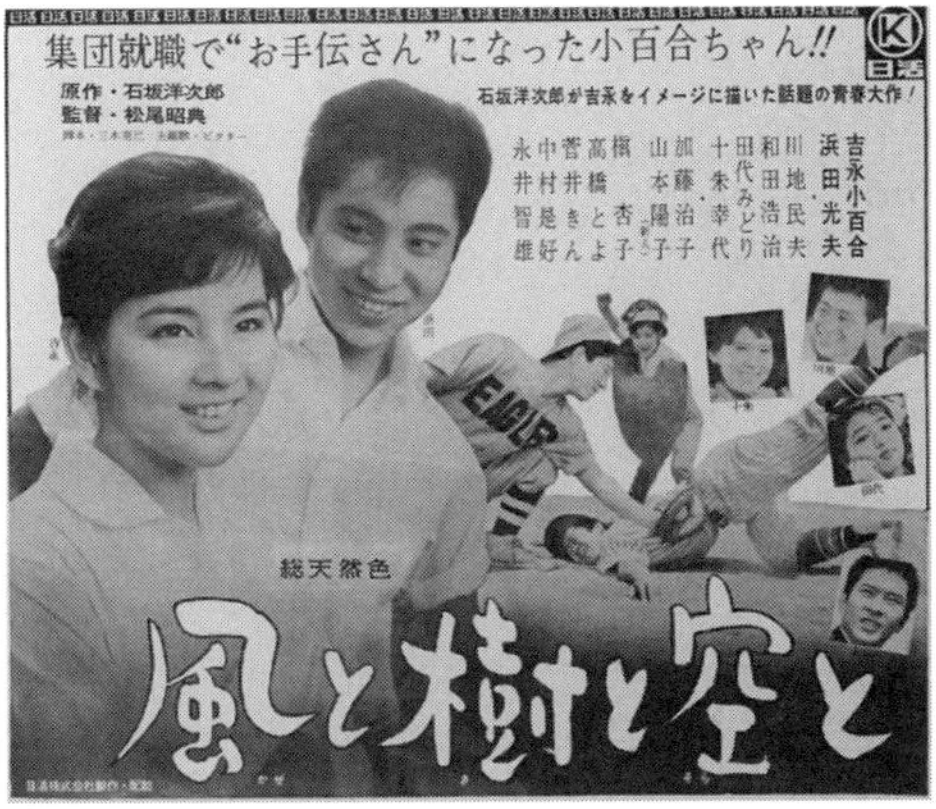

※

ここにも注目

母親役は菅井きん

「男はみんなオオカミだと思え」。上京する娘、多喜子に、〝女性の心得〟を説く母親を演じたのは菅井きん（1926~2018年）。テレビドラマ『必殺』シリーズのしゅうとめ役などで人気を集めた菅井が、30代後半とは思えない名老け役ぶりを見せている。

「父ちゃんもオオカミだったか?」。多喜子が父（中村是好）に聞くと、父は答える。「オオカミは母ちゃんの方だべ」

多喜子は上京後も折に触れて、母のさまざまな言葉を思い出す。多喜子の心理を描くために、母の教えがうまく使われている。

▼86分。カラー。
DVD、動画配信などで視聴可能。

1965年▼増村保造監督

『兵隊やくざ』はみ出し者だから闘えた

出演＝勝新太郎、田村高廣、淡路恵子、北城寿太郎ほか

増村保造監督『兵隊やくざ』は、旧日本軍で横行していた理不尽な暴力に、敢然と反逆した2人の兵隊の物語だ。『悪名』『座頭市』に続く、勝新太郎主演の人気シリーズの第1作。田村高廣との絶妙なコンビで、やんちゃなヒーローが自由を求めて大暴れする。

1943年、旧満州（中国東北部）の北部。4万人が駐留する軍の兵舎に、初年兵が配属されてくる。その中に、浪曲師の門を追われ、やくざになった大宮貴三郎（勝）がいた。部隊の上層部は、札付きの乱暴者である大宮が問題を起こすのを恐れ、大学出のインテリ、有田上等兵（田村）に、指導係を命じる。

有田は軍隊が大嫌いで、幹部試験をわざと落ち、満期除隊の日を待ち望んでいる3年兵。大宮の面倒をみるうちに、弱きを助け、強きをくじく彼の人柄に惹かれていく。

大宮が、浴場で暴力を振るう砲兵隊員に怒り、彼ら全員をたたきのめす全裸の乱闘シーン。砲兵隊員の上官、黒金伍長（北城寿太郎）の報復を有田が阻止し、逆に大宮が黒金を徹底的にやっつけるシーン。アクション場面は痛快で迫力満点だ。

けんかはめっぽう強いが争いが絶えない大宮を、有田が知恵を絞って守り続け、2人は次第に、強

※『兵隊やくざ』の広告

※

い絆で結ばれていく。

満州で3年間軍隊生活を過ごした有馬頼義の小説『貴三郎一代』が原作。終戦前に3カ月、陸軍に入隊していた増村は「（軍隊は）若い士官が天皇陛下の名を借りて、どんな乱暴も蛮行もできる特殊な世界でした」と、自作の解説で記述。大宮と有田の2人は、軍隊組織からはみ出した落伍者だったからこそ、巨大な敵に堂々と歯向かえた、と自ら分析している。

勝が、乱暴だが無邪気で愛すべき点がある大宮にぴったり。ナレーションも担当した有田役の田村が、それを柔らかく受け止める演技で、物語に説得力を与えている。

読書を愛し暴力を嫌悪する有田は、決して弱い人間ではない。いざとなると、年功序列主義の軍隊の慣行を利用し、大宮の暴力にゴーサインを出すこともある。大詰めで、2人の関係ががらりと変わるのも面白い。『泥の河』と並ぶ、名優の代表作だ。

ここにも注目

9作目は再び増村監督

『兵隊やくざ』第1作の脚本を執筆したのは、黒澤明監督の『野良犬』『用心棒』などで知られる菊島隆三だった。

1965年3月公開のこの作品がヒットし、8月に第2作が公開された。監督は勝新太郎主演の『悪名』シリーズで中心的な役割を務めた田中徳三。田中は68年の第8作『兵隊やくざ　強奪』まで6作品の監督をした。

シリーズは8作でいったん中断。71年に大映が倒産した後、勝プロ製作・東宝配給で9作目の『新・兵隊やくざ　火線』が作られ、72年に公開された。監督は、第1作の増村保造だった。

▼第１作は 102 分。モノクロ。
大映製作のシリーズ全８作を収録した『兵隊やくざＤＶＤ―ＢＯＸ　新価格版』がＫＡＤＯＫＡＷＡから販売中。

1968年▼岡本喜八監督

『斬る』テンポ良く軽妙な時代劇

出演＝仲代達矢、高橋悦史、中村敦夫、星由里子ほか

少年時代、『独立愚連隊』や『どぶ鼠作戦』など岡本喜八監督の戦争娯楽映画に夢中になった。一匹おおかみ的なヒーローがかっこよく、西部劇みたいに面白かった。

1968年6月公開の『斬る』はそれらに通じる、いかにも岡本作品らしいテンポの良さと楽しさにあふれた時代劇。4カ月後に封切られた自らの戦争体験を投影した意欲作『肉弾』の陰に隠れた感じがあるが、もっと評価されていい作品だ。

江戸時代後期の上州、小此木藩。空っ風が吹き荒れる中、半次郎（高橋悦史）が領内に入る。田畑を売って刀を買った彼は、次席家老の鮎沢（神山繁）が浪人を集めていると聞き、仕官のチャンスを求めて来たのだ。

だが、たどり着いた町は荒れ果てていた。半次郎と出会ったやくざの源太（仲代達矢）は2カ月前に一揆が起きたが鎮圧され、リーダーらが処刑されたと話す。2人の前に笈川哲太郎（中村敦夫）ら7人の藩士が現れ、悪政を敷く城代家老を待ち伏せて斬ろうとする。頼みにしているのは鮎沢だという。話を聞いた源太は、計画を中止するよう忠告する。源太は元々侍だったが、内紛で親友を斬ってしまい、嫌気が差して侍をやめたのだ。

※『斬る』
DVD 発売中　4,950 円（税抜価格 4,500 円）　発売・販売元：東宝

※

ここまで約10分。黒澤明監督『用心棒』を思わせる舞台で、『椿三十郎』とよく似た出だしであるのは確かだ。だが、そこからの展開はスピーディーかつ軽妙。黒澤作品とは一線を画した「岡本喜八の映画」になっている。銃が使われる場面は西部劇を見ているようだし、けがをしている源太が茶室で鮎沢を待ち伏せる場面は、殺陣も映像も独創的だ。

仲代が、頭の回転がいいのに、とぼけた味がある源太を好演。高橋は、力自慢で単純な半次郎の憎めない人柄をうまく表現している。

エピソードが多すぎて、藩政の鍵を握る森内老人（東野英治郎）の役割が分かりにくいなどの欠点はある。だが好感が持てるのは、常に庶民を大切にしてきた岡本の姿勢が、この映画でも貫かれていることだ。偉そうに威張っている人間はつまらない。『独立愚連隊』にも『肉弾』にも流れていたメッセージが、力強く響いている。

ここにも注目

山本周五郎の短編が原案

原案は、山本周五郎の短編小説『砦山の十七日』。藩のために決起した7人の藩士が次席家老の裏切りで、山の中の隠し小屋に立てこもる。映画の軸になっている話だが、小説には、源太も半次郎も出てこない。「はじめにぼくの書いたシノプシスでは、やくざが主人公になっていたのですが、会社は『椿三十郎』でやってくれという。そうしたくなかったので主人公を二人にしました」。岡本喜八監督自身が、会社（東宝）の要求をかわしながら企画を進めていった経緯を、こう語っている。シノプシスとは概要、あらすじの意味だ。

▼114分。モノクロ。

1982年▼伊藤俊也監督

『誘拐報道』
さりげない場面も力がある

出演＝萩原健一、小柳ルミ子、岡本富士太、秋吉久美子ほか

伊藤俊也監督『誘拐報道』は、1980年に実際に起きた小学生誘拐事件を題材に、事件発生から数日間の緊迫した動きを、さまざまな角度から描いた作品だ。

被害者の両親、犯人とその家族、警察側、報道陣……。登場人物が多いが、話が混乱することはない。さりげない場面もおろそかにしない丁寧な演出で、人々の感情を生々しく映し出した。

関西の私立小学校1年生（和田求由）が帰宅途中に誘拐され、小児科医の両親（岡本富士太、秋吉久美子）に、身代金を要求する脅迫電話が入る。届けを受けた警察は、マスメディアに対し報道協定の締結を要請。各社は取材活動と報道を自制することを決める。

原作は、読売新聞大阪社会部による同名のノンフィクション。制限された状況下で、事実に肉薄しようとする記者たちの苦闘が中心となる。

映画も、原作に即したドキュメンタリー的なタッチで始まるが、犯人の古屋数男（萩原健一）が登場すると、一変する。

誘拐した子どもを車のトランクに隠し、雪道を丹後地方の実家に向かう古屋が、海岸沿いの電話ボックスに入って脅迫電話をかける。望遠レンズで撮った電話ボックスと、その先に広がる荒れた海。

※『誘拐報道』
DVD 発売中　4,180 円（税込）　発売元：バップ

※

印象的な映像とともに、古屋の心境が微妙に変化していくのが、よく伝わってくる。萩原のとりつかれたような演技と、夫の借金に気づき苦しむ妻（小柳ルミ子）の熱演が、物語を引っ張る。

反権力のヒロイン『女囚さそり』シリーズ3部作で知られる伊藤は、萩原の魅力を存分に引き出しながら、誘拐という犯罪には全く同情の余地がないことを、被害者の苦悩を通して表現した。父親役の岡本が、自宅に詰めている刑事たちへのいら立ちを抑え、チャーハンをむさぼり食う場面は衝撃的。母親役の秋吉の好演も光った。

丹波哲郎、三波伸介、平幹二朗、伊東四朗ら豪華な顔触れの中で、犯人の娘を演じた高橋かおりが、重要な役を担った。父を思う娘の言葉を聞いた若い記者（宅麻伸）が上司にうそをつく場面は、40年以上たった今も、報道の役割とは何かと問いかけてくる。

ここにも注目　名カメラマンが撮影

撮影は、今村昌平監督の『豚と軍艦』『復讐するは我にあり』、浦山桐郎監督『キューポラのある街』などで知られる名カメラマン、姫田真左久。伊藤俊也監督とは初のコンビだった。

姫田は著書『姫田真左久のパン棒人生』（ダゲレオ出版）の中で「脚本もよかったし、美術もよかった」と『誘拐報道』を絶賛。新聞社の社会部をそのまま再現したセットの迫力や、ロケ撮影、ヘリコプターシーンの苦労話を披露している。

「ポイントとなるところが多いから下手にやったらバラバラになりかねない」「でき上がった作品は、きちっと仕上がっていていてよかったね」

▼キネマ旬報ベスト・テン9位。134分。カラー。

『雨あがる』
妻のたんかが夫を励ます

出演＝寺尾聡、宮崎美子、三船史郎、吉岡秀隆ほか

『雨あがる』は、黒澤明監督の助監督を長年務めた小泉堯史が、黒澤の遺作脚本を基に完成させた監督デビュー作品だ。

「見終わって、晴れ晴れとした気持ちになる様な作品にすること」。山本周五郎の短編小説を脚本にする際に、黒澤が記した覚書を尊重し、心を込めて映像化したことがよく伝わってくる。

川に面した宿場町。長雨で川が増水して渡れなくなり、安宿は、足止めされた客でいっぱいだ。仕官先を求めて旅をしている浪人、三沢伊兵衛（寺尾聡）と妻たよ（宮崎美子）も、その中にいた。貧しい客同士が米を巡って争うのを見た伊兵衛は、雨をついて戸外に出ていく。やがて、米俵や酒だるを土産に戻ってきた伊兵衛は「縁起直しをしましょう」と皆に呼びかけ、宴会が始まる。

宴の途中、伊兵衛は部屋に残っていた妻の元に行き「賭け試合をしてしまいました」とわびる。

翌朝、雨が上がり、山中で居合の稽古をした伊兵衛は、たまたま見かけた武士同士の争いを止める。それが藩の殿様（三船史郎）に気に入られ、剣術指南番に請われる。

ここまで約30分。脚本の出来の良さに感嘆する。黒澤映画のファンにとっては、安宿の人間模様や宴会場面は、『七人の侍』や『どん底』をほうふつさせるし、美術の村木与四郎、音楽の佐藤勝ら、

※『雨あがる』
DVD 発売中　DVD：2,381 円（税抜）　発売元：アスミック・エース　販売元：KADOKAWA

※

黒澤組のスタッフの名前を見ているだけでも懐かしい。寺尾、宮崎をはじめ主な出演者のほとんどが、過去の黒澤作品に縁があるのもうれしい。もちろん、三船史郎は三船敏郎の息子である。

その後の展開も飽きさせない。『椿三十郎』にオマージュをささげた〝血しぶきシーン〟もはさみながら、夫婦愛と黒澤の大きなテーマだった庶民賛歌を描いていく。

見せ場は、たよが、人を押しのけることができずに組織の中ではうまくやっていけない夫をかばい、藩の重臣に対してたんかを切るところだ。説教くさい映画になるのではという懸念を、ガツンと打ち砕いてくれる。

伊兵衛には椿三十郎のようなかっこよさはない。だが、たよがいる。それが晩年の黒澤の心境だったのだろうか。2人の未来に余韻を残すラストもいい。

ここにも注目　穏やかさが特色

主演の寺尾聰は、黒澤明監督『夢』の主演をはじめ、『乱』『まあだだよ』に出演。宮崎美子も『乱』に出ている。

宿の客には『まあだだよ』主演の松村達雄、『乱』の楓の方や『夢』の雪女役の原田美枝子ら。

三船敏郎と並ぶ黒澤映画の顔である仲代達矢が、伊兵衛の剣の師匠役で貫禄を示せば、数多くの黒澤作品で脇を固めた井川比佐志も、憎まれ役で渋い演技を見せた。

脚本、スタッフを含め、演者もこれほど黒澤色が強いのに、師の作品とは異なる穏やかさを感じさせるのが、小泉堯史監督の個性なのだろう。

▼キネマ旬報ベスト・テン9位。91分。カラー

【Column】ゴジラの〝同級生〟宝田明、反戦の思い　シリーズ最新作「ゴジラ－1.0」大ヒットを機に

ゴジラ70周年記念作品と銘打った怪獣映画『ゴジラ－1.0《マイナスワン》』が、２０２３年11月３日に全国で公開され、大ヒットした。第1作の『ゴジラ』封切りは１９５４年11月３日で、正確には69周年なのだが、目くじらを立てることもあるまい。ゴジラが日本のみならず世界中の映画ファンから愛される人気者になったことは、幼い頃からゴジラやアンギラス、ラドン、モスラなどに親しんできた一映画ファンとして、うれしい限りだ。

▼米国で熱烈な歓迎

２０１９年に、米国で、ゴジラ人気の広がりを実感する出来事があった。

イリノイ州ローズモントで毎夏開かれているゴジラファンの祭典Ｇ－ＦＥＳＴに、ゲストとして招かれた俳優、宝田明に同行取材した時のことだ。

中高年から子どもまで幅広い年齢層のファン数百人が、開会式会場のホテルの大ホールを埋め、宝田が登場すると、歓喜の叫びを一斉に上げた。その熱気は、ゴジラ第1作の主演俳優であり、計6本のゴジラシリーズに出演している宝田が、「ゴジラ映画のレジェンド」であることを雄弁に物語っていた。漫画やアニメと同じように、特撮怪獣映画にも熱狂的な海外のファンが大勢いるのを、体で知った貴重な機会だった。

当時85歳だった宝田は、若々しく輝いていた。「アイ・アム・スティル・アライブ」（まだ生きているよ）と会場を沸かせ、サイン会では、長蛇の列を作ったファンに、一人一人立ち上がって握手し、写真撮影ににこやかに応じた。北欧や南米からやってきたファンもおり、宝田に会えた喜びで涙ぐむ人もいた。

トークショーも感動的だった。宝田は、満員の聴衆を前にいきなり自らの戦争体験を語り始めた。旧満州（現中国東北部）生まれで11歳の時に終戦を迎え、ソ連軍に占拠された町で「アリのように働かされた」こと。ソ連兵に銃で脇腹を撃たれた傷が悪化。日本人の元軍医が裁縫用のはさみで、麻酔なしで弾を取り出してくれた時の「自分の肉が切られるジョリという音」。

その傷痕は今でも寒さや湿気で痛むこと。迫力満点の話で聴衆を引き込んだところで、ゴジラ誕生は、米国がビキニ環礁で行なった水爆実験で、日本のマグロ漁船「第五福竜丸」が被ばくした事件がきっかけだったという話を始めた。

「だから、ゴジラ第1作には反核のメッセージが強く流れているんです。でも数年後に米国で公開された時は、都合の悪い部分は全部カットされてしまった」

米国には、広島、長崎への原爆投下は第2次大戦を終結するために必要だったという意見が根強くある。トークを聞きながら、やじやブーイングが出ないかと、はらはらした。だが、皆、じっと、宝田の言葉に聞き入っている。

はっとひらめいた。宝田も聞き手もゴジラが大好きだから、心が通じ合うのだ。「完成した第1作を試写室で初めて観た時、海底に沈んでいくゴジラが悲しくて、大声で泣きました。ゴジラも水爆の被ばく者なんです」。宝田の言葉に大きくうなずく聴衆を見て、自分の勘は間違っていなかったと思った。

その夏以降、インタビューやトークイベントで、宝田の話を聞く機会が何度かあった。長身でハンサム。華やかな二枚目として、映画やミュージカルで活躍していたスターなのに、ちっとも偉ぶらず、いつも気さくに接してくれた。「70歳を超えた頃から、戦争体験の話を積極的にするようになりました。怖さを実際に味わった人間がそれを伝えなければ、また同じことが繰り返されると思ったからです。話すたびにうるうる来ちゃうのが嫌なんですが」

▼最後のインタビュー

最後に会ったのは、22年3月10日だった。宝田が自ら企画、主演した映画『**世の中にたえて桜のなかりせば**』の完成披露試写会当日、東京・銀座でインタビューした。半月前にロシアのウクライナ侵攻が始まったばかり。「怒りが爆発して映画の話ができなくなるので、ウクライナの話は最初にしないでください」と、マネジャーから冗談交じりで注意されたのを思い出す。腰痛のため車いすで現れた宝田は、少しやせて見えたが、ダブル主演だった乃木坂46の岩本蓮加を絶賛し、写真撮影のために、つえをついて立ち上がり、笑顔でピースサインをしてくれた。

宝田が87歳で急死したのはその4日後だった。今でも信じられない突然の別れだった。

最新作『ゴジラ－1.0』の時代設定は第1作より

さかのぼり、戦中と終戦直後の日本が舞台。『永遠の0《ゼロ》』の監督でもある山崎貴監督が、特攻隊生き残りのパイロットを主人公に「何よりも命を大切にする」というメッセージを強く打ち出した作品だ。第1作にあった放射能への恐怖や、反核のメッセージは抜け落ちているが、時代設定からして仕方ないのだろう。IMAXの大画面で迫力満点に暴れ回るゴジラを見ながら、「ゴジラ・イズ・マイ・クラスメート」と米国のファンに語った宝田の声を思い出した。同級生の感想を聞きたい、と思った。

（「Kyodo Weekly」2023・11・20号）

Ⅱ－3　新しい地平を切り拓く

1964年▼山本薩夫監督

『傷だらけの山河』
大事業家の欲望、赤裸々に

出演＝山村聡、高橋幸治、船越英二、若尾文子ほか

山本薩夫監督は、ただ者ではない。剛腕経営者が強引に事業を拡大していくさまと、いびつな家族関係を描いた『傷だらけの山河』を観て、山本作品で何度も感じた言葉が、また心に浮かんだ。

1964年公開で、『白い巨塔』『華麗なる一族』などの先駆けになる社会派娯楽作品。どろどろとした人間ドラマを巧みに描き、観客を引き込む面白さがある。

有馬勝平（山村聡）は西北グループの創業者。電鉄、バスなどの交通事業のほか、流通業などの会社を持つ大事業家だ。私生活では、妻（村瀬幸子）と2男2女をもうけながら、2人の愛人（坪内美詠子、丹阿弥谷津子）との間にも、それぞれ大学生の息子がいる。

有馬は、ある情報がきっかけで、郊外の土地を大規模に買収し、鉄道路線を敷設する計画に着手。ライバル会社の社長、香月（東野英治郎）との争いを始める一方で、会社の事務員、福村光子（若尾文子）に目を付け、金の力に物を言わせて新たな愛人にする。

成瀬巳喜男監督『山の音』での原節子の義父役のように、知的で信頼できる大人の男性というイメージが強い山村が、自らの欲望のためには、人の気持ちを平然と押しつぶしていく男になりきっている。仕事は、金もうけのためにではなく、社会と民衆のためにやっていると公言する有馬は、愛人

に生ませた息子の名前を間違えても「私は七人前くらい忙しいから仕方ない」と開き直る。物語は、愛人の息子が協力して父親への闘いを始める経緯や、用地買収を巡り現場の社員が犠牲を強いられる実態、繊細な実の息子（高橋幸治）が悩みを深めていく過程など、さまざまな出来事を並行して描いていく。

原作は『人間の壁』『金環蝕』でもコンビを組んだ作家、石川達三の同名の小説。モデルとなった人物や企業を想像してしまうが、あくまでフィクションだ。有馬は現在のモラルでは許されない人物だが、高度成長期には、こうした経営者が日本経済を引っ張ってきたのも事実だろう。だが、周囲を傷だらけにして築き上げた王国は永遠ではない。約60年後の今、この映画を観ると、そんな感慨を覚える。

ここにも注目　没後40年で特集上映

山本薩夫監督（1910～83年）は2023年が没後40年。東京のラピュタ阿佐ケ谷などで、記念の特集上映が開催された。

戦前の37年に監督デビューした山本は、戦後は独立プロ運動の先駆者として活躍。『真空地帯』『荷車の歌』などの名作を生んだ。62年に大映で撮った市川雷蔵主演の『忍びの者』が大ヒットし、大手映画会社での製作が中心となった。

代表作は『白い巨塔』や『にっぽん泥棒物語』『戦争と人間』『あゝ野麦峠』など。骨太な社会派映画でありながら、娯楽性を兼ね備えているのが特長だ。

▼キネマ旬報ベスト・テン7位。152分。モノクロ。DVDがKADOKAWAから販売中。

1974年▼山本薩夫監督

『華麗なる一族』
富と力を求めて踊る人々

出演＝佐分利信、仲代達矢、京マチ子、月丘夢路ほか

山本薩夫監督『華麗なる一族』は、一族の富と権力を巨大にするために、策略をめぐらす銀行家と、その野望の犠牲になる人々を描いた大作だ。

原作は山崎豊子の同名の長編小説。医学界の腐敗を暴いた『白い巨塔』に続く山本・山崎コンビの作品。徹底的な取材に基づき、権力の内側と濃厚な人間ドラマを描いた長大な原作を、面白さを損なうことなく3時間半に収めた手腕にうなる。

阪神銀行の頭取、万俵大介（佐分利信）は、関西の財界で有名な辣腕経営者だ。亡父から引き継いだ時は、一介の地方銀行に過ぎなかった阪神銀行を、全国10位の都市銀行に発展させてきた。

妻、寧子（月丘夢路）との間に2男2女がある彼が、一族発展の布石としてきたのが、子どもたちの政略結婚。表向きは家庭教師兼執事として同居し、家庭内の実権を握っている愛人の高須相子（京マチ子）が、そうした面も差配している。

そんな大介に違和感を抱くのが、グループ会社の中核、阪神特殊鋼で専務を務める長男、鉄平（仲代達矢）だ。父親より祖父似で、祖父が創立した会社に望んで入った彼は、飛躍的発展を目指し高炉建設を推進。着工にこぎつけ、メインバンクの阪神銀行に融資を申し込む。だが大介は、その依頼を

※『華麗なる一族（2枚組）＜東宝DVD名作セレクション＞』
DVD発売中　2,750円（税抜価格2,500円）　発売・販売元：東宝

※

冷たくあしらう。

1960年代の高度成長期、金融再編の波の中で、大介は「小が大をのみ込むような合併」を企て生き残りを図る。料亭で大蔵大臣（小沢栄太郎）と交わす禅問答、ライバル銀行の専務（西村晃）との腹の探り合い。どす黒い欲望がリアルに伝わる映像が効果的だ。

父は息子に対して、なぜこれほど冷酷なのか。その理由も物語の中できちんと明かされていく。

「人間を置き忘れてしまった企業というものは、いつかどこかで必ずつまずく時がくる」。大介に敗れた銀行の頭取（二谷英明）が語る言葉に、原作者と映画の作り手のメッセージがある。

富や権力を手にしても幸福とは限らない。見終わって、そう感じさせるのが、この物語が多くの人に支持される理由だろう。本当に幸福でないのか？　富も権力も手にしたことのない筆者には答えようがない。

ここにも注目　3度、テレビドラマに

『華麗なる一族』は1970年から72年まで『週刊新潮』に連載され、73年に上中下全3巻の単行本が刊行された。

映画公開は74年1月。同年10月から翌年3月にかけ、山村聡が大介、加山雄三が鉄平を演じた全26回のテレビドラマが放送された。

その後2007年に、木村拓哉が鉄平、北大路欣也が大介を演じた全10回のドラマ、21年には中井貴一が大介、向井理が鉄平役の全12回のドラマが放送された。発表から半世紀を経過しても、この物語に人々の心をとらえる力があることをよく示している。

▼キネマ旬報ベスト・テン3位。211分。カラー。

1968年▼今村昌平監督

『神々の深き欲望』

魂を奪われるような力作

出演＝三國連太郎、嵐寛寿郎、河原崎長一郎、北村和夫ほか

血縁や信仰で結ばれた古い村落共同体に開発の波が押し寄せた時、何が起きるのか。それを描くことで「日本社会の根」をえぐり出せるのではないか——。今村昌平監督『神々の深き欲望』は、そうした問題意識に貫かれた壮大なスケールの力作だ。4Kデジタル復元版のブルーレイが2022年暮れに発売されたのを機に、半世紀ぶりに再見。魂を奪われるような時間を久々に味わった。

舞台は架空の南海の孤島、クラゲ島。20年ほど前、猛烈な台風に襲われ、嵐の後には、津波で運ばれた赤い巨岩が、神に供える米を作る田にそそり立っていた。島人たちは、この災いは神事をつかさどる太《ふとり》一族が原因とうわさする。兵隊帰りの当主、根吉（三國連太郎）が妻の死後、自分の妹ウマ（松井康子）とみだらな関係になったことが、神の怒りに触れたのだ、と。

島の実力者、竜立元（加藤嘉）は、根吉に岩を落とすための穴を掘ることを命じ、ウマを自分の愛人にする。以来、根吉は鎖につながれて穴掘りを続け、一緒に暮らす父の山盛（嵐寛寿郎）、息子の亀太郎（河原崎長一郎）、知的障害がある娘、トリ子（沖山秀子）の家族3人も、さまざまな差別にさらされていた。

物語は、島にある製糖工場の水源調査のため、東京本社から測量技師、刈谷（北村和夫）が派遣さ

れてきたことから、大きく動き始める。

焼けつくような太陽の下、濃密な人間関係の中で、さまざまな悲喜劇が起きる。背景にあるのは、工場を拡大し、さらに飛行場を建設して、島を観光地として発展させようとするもくろみだ。映画は、高度成長期の経済優先の流れの中で、土俗的な信仰の象徴である太一族が押しつぶされていく姿を残酷に、美しく描く。惨劇の後、島人たちは、太一族がたどった運命を、伝説のように語り継いでいく。

沖縄県の石垣島などで撮影。高さ約10メートルの巨岩は、発泡スチロールや木材を東京から運び、岩を埋める穴と共に、1カ月以上かけて現場に作った。三國をはじめ俳優たちも、膨大なエネルギーと時間を注ぎ込んだ作品にふさわしい、非日常的で生々しい演技を見せている。

ここにも注目　早川雪洲から嵐寛寿郎へ

今村昌平は自著『映画は狂気の旅である』で、この作品での苦労話を記している。

驚いたのは、太家の父、山盛役は、当初は『戦場にかける橋』などで有名な早川雪洲だったことだ。早川は、1967年秋に石垣島で始まった撮影に参加。だが、長雨で撮影が中止になり、翌年夏に再開されるまでの間に、脳梗塞で倒れた。

このため、「アラカン」の愛称で親しまれていたチャンバラ映画の大スター、嵐寛寿郎が、急きょ代役に起用された。嵐の演技は、毎日映画コンクールで男優助演賞を受賞するなど、高い評価を受けた。

▼キネマ旬報ベスト・テン1位。175分。カラー。
4Kデジタル復元版のブルーレイが日活から発売。

1970年▼新藤兼人監督

『裸の十九才』連続射殺事件の背景に迫る

出演＝原田大二郎、乙羽信子、草野大悟、太地喜和子ほか

新藤兼人監督『裸の十九才』は、１９６８年秋、東京、京都、函館、名古屋で、４人を拳銃で殺害した事件の犯人、永山則夫・元死刑囚をモデルにした映画だ。

ドキュメンタリーではなく劇映画だが、新藤はかつてのインタビューで「主人公の生い立ちを描いた部分にフィクションは一切ない」と語っている。永山の母を訪ね、きょうだいの話を聞き、永山本人とも文通をして、新藤が感じたのは、永山が置かれていた「想像を絶する貧しさと、誰も助けてくれず、はい上がる道もない、救いがない世界」だったという。

山田道夫（原田大二郎）は青森県の中学校を卒業して集団就職。東京・渋谷のフルーツパーラーに住み込みで働き始めたが、仕事に幻滅して退職。転職と放浪を繰り返した。19歳だった68年秋、米軍横須賀基地内の住宅に侵入した彼は、拳銃と銃弾を盗む。「連続射殺魔事件」の端緒だった。

映画は、道夫の現在と過去を織り交ぜながら進む。道夫や集団就職の仲間が、東京で体験する出来事は、高度経済成長期に「金の卵」ともてはやされた若年労働者が、使い捨て的に扱われてきた実態を生々しく伝える。

中盤では、リンゴ剪定職人の父（草野大悟）がばくちに溺れ、一家が極貧に沈んでいく状況がリア

ルに描かれていく。善人だが無知な母（乙羽信子）は、金を稼ごうとして、結果的に道夫ら幼い子どもたちを置き去りにし、餓死寸前にまで追い込んでしまう。幼い道夫の目の前で姉が乱暴されるなど、正視できないほど悲惨な場面もある。

これが映画デビューの原田が、純粋さと捨て鉢なところを併せ持つ道夫を熱演している。両親役の乙羽、草野、フルーツパーラー主任役の河原崎長一郎がしっかりと脇を固め、道夫とつかの間同居する売春婦を演じた太地喜和子が輝いていた。

「なぜ罪のない人を突発的に殺すようなところに、彼がはまりこんでいったのか」。新藤はそれを見極めようとし、一つの答えを出すことに成功した。だが、この映画の中では描き切れなかったことがある。殺された人々の命の重さだ。観る私たちは、それを忘れてはならない。

ここにも注目

連続射殺事件とは

1968年10月から11月にかけ、東京でホテル警備員、京都で神社の警備員、北海道・函館と名古屋でタクシー運転手が、同じ銃で殺害される事件が起きた。69年4月、東京・渋谷の専門学校に侵入し警備員に銃を発砲した男が、強盗殺人未遂事件の現行犯として逮捕され、4件の殺人事件についても犯行を認めた。19歳の永山則夫だった。

永山は貧困と無知が自分のような者を生んだなどと主張、獄中でつづったノート『無知の涙』は大きな反響を呼んだ。その後、小説家としても活動を続けたが、90年に死刑が確定、97年に執行された。48歳だった。

▼モスクワ国際映画祭で金賞を受賞。キネマ旬報ベスト・テン10位。117分。モノクロ。DVDは現在発売されていないが、レンタルなどで視聴可能

1992年▼新藤兼人監督

『濹東綺譚』伸びやかに荷風の半生描く

出演＝津川雅彦、墨田ユキ、乙羽信子、杉村春子ほか

新藤兼人監督『濹東綺譚』は、春をひさぐ女性とのひそやかな恋を中心に、作家、永井荷風の後半生を描いた作品だ。

老いと性、孤独、そして死。時代背景である戦争を含め、重いテーマを扱った映画なのに、不思議なほどに伸びやかなのは、監督の荷風に対する深い愛情が作品を貫いているためだろう。

映画は、１９２０（大正9）年5月23日、ペンキ塗りにちなんで「偏奇館《へんきかん》」と名付けた荷風（津川雅彦）の新居を、母（杉村春子）が訪ねてくる場面から始まる。

荷風の日記『断腸亭日乗』の記述通りだ。この後しばらく、囲っているお歌（瀬尾智美）やカフェで働くお久（宮崎美子、当時は淑子）、待合で出会った黒沢きみ（八神康子）ら、さまざまな女性と関係を持つ荷風の生活が描かれていく。

36（昭和11）年、2月24日、当時56歳の荷風は「余去年の六、七月頃より色慾頓挫したる事を感じ出したり」と日記に書く。だが、落ち込んでいた彼は「ぬけられます」という看板がある迷路のような玉の井の路地で、住み込みで働く若い女性お雪（墨田ユキ）に出会ったことで、活気を取り戻していく。

※『濹東綺譚』【完全無修正版／ＨＤリマスター】
DVD好評発売中　3,800円（税抜）
発売元：オデッサ・エンタテインメント

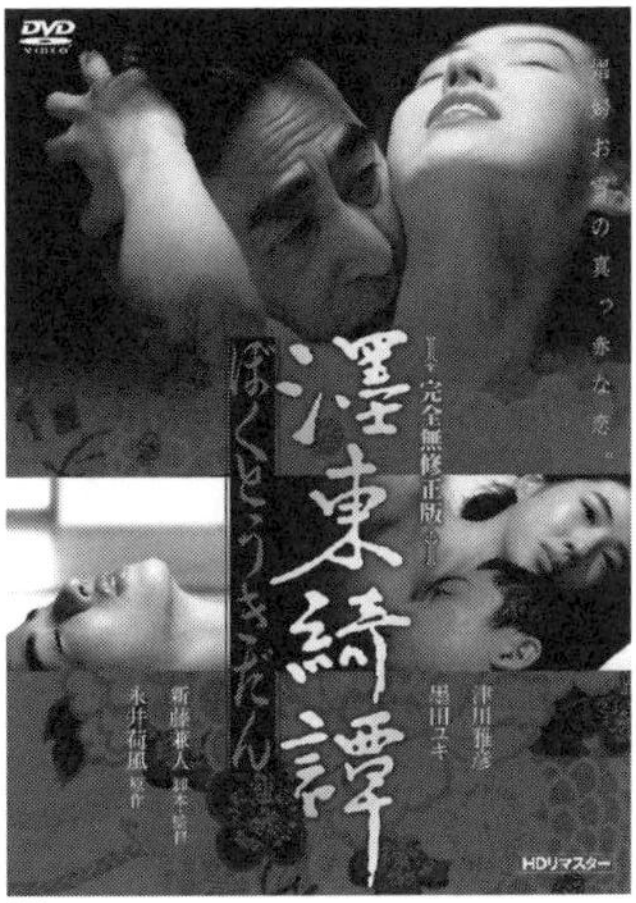

※

このあたりで、実はこの映画が、荷風の代表作である小説『濹東綺譚』を、荷風の実人生と重ね合わせた創作であることが分かってくる。名脚本家・新藤が自ら健筆を振るったことは言うまでもない。大胆な性愛シーンに目を奪われがちだが、お雪の雇い主の女性（乙羽信子）の息子（大森嘉之）が戦死するエピソードなどを挟み、時代の空気をきちんと映しているのが、さすがだ。

津川が、色気がある二枚目という持ち味を存分に生かして、孤独だが自分の生き方を貫いた荷風を魅力的に演じた。オーディションで抜てきされた墨田も、これが初の本格的な演技とは思えないほど、遊里に生きる女性のからりとしたたくましさを表現した。

タイトルの背景の情緒あふれる絵は、小説『濹東綺譚』が新聞連載された際に人気を集めた木村荘八の挿絵。東京・浅草の洋食店「アリゾナキッチン」や、千葉県市川市の「大黒屋」など、荷風が通った飲食店が登場するのも、荷風ファンにはうれしい。

ここにも注目　公開時、監督は80歳

1959年に79歳で死去した永井荷風を主人公にした映画は、92年6月に公開された。新藤兼人監督は80歳だった。

前年の11月、松竹大船撮影所で、撮影中の監督にインタビューした。初対面の監督は、げたばきで、小柄な体にエネルギーがあふれ、鋭い視線が怖いほどだったが、質問に丁寧に答えてくれた。「表面的なきれいごとではなく、人間の根源である性を通じて、ロマンを描いてみたい」

そばにいた監督の妻、乙羽信子が「昔より優しくなったのよ」と、緊張していた筆者を笑いながら励ましてくれたのも、今では貴重な思い出だ。

▼キネマ旬報ベスト・テン9位。116分。カラー。

1979年▼篠田正浩監督

『夜叉ケ池』よみがえった幻の超大作

出演＝坂東玉三郎、加藤剛、山崎努、丹阿弥谷津子ほか

権利問題などでソフト化ができず〝幻の作品〟となっていた篠田正浩監督『夜叉ケ池』の、4Kデジタルリマスター版ブルーレイが発売されたのは、2021年だ。

原作は、竜神伝説を扱った泉鏡花の同名戯曲。映画初出演の歌舞伎俳優、坂東玉三郎が主演し、怪奇でロマンチックな文学性と壮大なスペクタクル映画の魅力を併せ持つ作品になっている。

1913（大正2）年夏、大学教授の山沢（山崎努）は、福井と岐阜県境の山中にある夜叉ケ池に向かう途中、鐘つき堂を守る美しい女性、百合（坂東玉三郎）に出会う。百合と一緒に暮らしているのは、各地の不思議な物語を集める旅に出て行方不明になった親友の萩原（加藤剛）だった。

萩原は、夜叉ケ池の水底にすむ竜を封じ込めるために、毎日3回、決まった時間に鐘をつかねばならないと話す。百合の人間離れした美貌に不安を感じた山沢は、萩原を連れ出そうとする。

映画には、竜の化身、白雪姫（玉三郎、一人二役）や池にすむ魚の妖怪なども登場。さらに、日照り続きで水不足に悩む村人が、雨乞いのために百合を竜神の犠牲にささげようと、集団で暴挙に出る姿が描かれる。

企画のきっかけは「玉三郎で映画を」という松竹から篠田への依頼だった。篠田は、歌舞伎の伝統

を生かし、女形である玉三郎の美しさを最大限に引き出す方法として、竜神と、竜神を封じ込める役目を担う女性を、共に玉三郎に演じさせることにした。『心中天網島』（69年）で岩下志麻に遊女と妻の二役を演じさせ、成功している篠田らしい発想だった。

子守歌を歌う百合を白雪姫が見守る。2人が同時に映るのはその一瞬だけだが、そこが物語の一つのヤマ場となった。百合の優しさが白雪姫を動かし、人間界と異界との約束が守られたのだ。

だが、目先の欲望に突き動かされた村人たちは誓いを破り、均衡が崩れる。白雪姫は夜空に飛び立ち、夜叉ケ池は氾濫する。村も人も一気に押し流す大洪水は、人間のおごりが、取り返しのつかない大惨事を招くことがあるのを象徴しているように見えた。

ここにも注目　イグアスの滝での撮影も

松竹は特撮映画とは縁が薄かったため、篠田正浩監督は、特撮研究所の創設者である矢島信男を特撮監督として招いた。

矢島は松竹出身で、その後、東映特撮の基礎を築き、『秘密戦隊ゴレンジャー』などテレビ特撮ブームも支えた特撮界のレジェンド。矢島の指揮で、大船撮影所に特注のタンク2基を設置。50トンの水で、ミニチュアで作った村を一気に押し流したクライマックスの特撮シーンは、圧巻だ。

本物の水の迫力を求めた篠田は、ラストでは南米イグアスの滝の至近距離に鐘つき堂を建造。空撮も交え、並外れたスケールの映像になった。

▼124分。カラー。
4Kデジタルリマスター版のブルーレイが松竹から販売中。

1995年▼篠田正浩監督

『写楽　Sharaku』

江戸の庶民文化、華やかに

出演＝真田広之、岩下志麻、葉月里緒奈、フランキー堺ほか

映画の中に人間ドラマがあるように、映画を作る人間たちにもドラマがある。そう実感したのが、浮世絵師、東洲斎写楽が主人公の篠田正浩監督『写楽　Ｓｈａｒａｋｕ』だ。

企画の仕掛け人は、版元、蔦屋重三郎を演じたフランキー堺。１９６１年の夏、川島雄三監督から「次は写楽です」とささやかれた彼は、63年に川島が急死した後も、写楽の夢を追い続けた。だが、その後、共に映画化を志した内田吐夢監督も死去。実現は34年後だった。

映画が始まった瞬間、歌舞伎小屋の舞台でとんぼを切る若い役者、十郎兵衛（真田広之）が映る。彼はその直後、市川團十郎（中村富十郎）が登るはしごに左足をつぶされ、役者としては使い物にならなくなる。

事故を客席で目撃していた大道芸人、おかん（岩下志麻）は、彼を「とんぼ」と呼び、大道芸の仲間に引き入れる。

同じ頃、喜多川歌麿（佐野史郎）ら人気浮世絵師を抱えていた蔦屋重三郎は、幕府の厳しい取り締まりで危機を迎えていた。歌麿に裏切られた重三郎は、後に葛飾北斎となる絵師、鉄蔵（永沢俊矢）らを使い役者絵に活路を見いだそうとする。

※『写楽　Sharaku』
DVD 発売中　4,950 円（税抜価格 4,500 円）　発売・販売元：東宝

※

ある日、鉄蔵が、隣に住む男が描いたという一枚の絵を重三郎に届ける。それが、写楽誕生のきっかけだった。

映画を観て感じるのは、日本映画には珍しい華やかさだ。舞台となる江戸の町を再現するために、広島県沼隈町（現・福山市）のテーマパーク内の雑木林を開墾して、吉原と日本橋の街並みを作り、さらに同パーク内に屋内のセットも作った。そうしたこだわりと同時に、最新のデジタル技術を駆使したことが、作品を豪華絢爛にした。

庶民文化が花開いた江戸中期、わずか10カ月の間に斬新で写実的な百四十数枚もの作品を描き、突然姿を消した写楽とは何者なのか？　映画はこの最大の謎に挑んだ。篠田は、写楽を「とんぼを切れる若者」と設定、フランキーは篠田の説得に応じて、写楽を演じることをあきらめたという。

フランキーは映画公開の翌年、肝不全のため67歳で死去した。ぎりぎりで夢をかなえることができたのだった。

ここにも注目

優しかったフランキー堺

１９９４年春、広島県で行なわれたロケ撮影を取材した。江戸・吉原で花魁道中の最中に、大道芸人の集団が乱入してくる場面だった。冷え込みが厳しい中で、撮影は午前4時まで続いた。

震えながら取材していると、撮影待ちのフランキー堺から、たき火に一緒に当たるようにと、声をかけられた。初対面の記者に心を配ってくれる優しさに感激した。

帰京後、東京の自宅でインタビューした。「映画が完成したら、恐山のふもとにある川島雄三監督の墓に参るつもりだ」と、話してくれた。実現できたのか、確かめるチャンスはなくなってしまった。

▼キネマ旬報ベスト・テン5位。138分。カラー。

1981年▼鈴木清順監督

『陽炎座』
妖しく楽しい清順ワールド

出演=松田優作、大楠道代、中村嘉葎雄、加賀まりこほか

鈴木清順監督『陽炎座《かげろう》』を4Kデジタル完全修復版の完成を機に久々に観て、あでやかな色彩で繰り広げられる甘美で官能的なドラマに酔った。

けれん味たっぷりの演出や映像に目を奪われ、難解な映画と感じる人がいるかもしれない。だが、物語の骨格は意外とシンプルだ。「フィルム歌舞伎」という公開時の宣伝文句通り、劇場で芝居を見るように楽しめる映画だ。

大正末年の1926年、新派の劇作家、松崎（松田優作）は、もらった付け文を落として捜していると、見知らぬ美しい女（大楠道代）から声をかけられる。着物姿で大きな花束を抱えた女は、病院にお見舞いに行く途中だが、「女の魂を拾い集めた」と言ってホオズキを売っているおばあさんがいて怖い、と話す。その日以来、松崎は女に続けて出会い、三度目には結ばれる。パトロンの玉脇（中村嘉葎雄）の家に招かれた松崎は、名も知らぬ謎の女との出会いを打ち明けるが、その後、女と一夜を共にした部屋が、玉脇邸の一室とそっくりなのに気付く。

謎の女は玉脇の後妻、品子だった。玉脇には、ドイツ留学時に知り合い日本に連れて来たイネというドイツ人の妻（楠田枝里子）もいるのだが、現在は入院し、生死の境をさまよっていた。

※『陽炎座』
監督：鈴木清順／脚本：田中陽造／提供：リトルモア
【4K デジタル完全修復版】UHD+Blu-ray（2 枚組）発売中

※

物語は、松崎が品子に魅了され、翻弄されていくありさまを、遊び心たっぷりに、おどろおどろしく描いていく。階段や橋が何度も出てくるのは、人と人が出会い、この世とあの世をつなぐ場所だからだろうか。4人の男女が、生死の境目がはっきりしない悪夢のような世界でもつれ合う。水をたたえたおけに品子が沈んでおり、底から浮いてきた無数のホオズキが花が開くように水面を埋める、息をのむほど美しい場面もある。

松田がコミカルな面がある松崎を好演。大楠の目の力が印象的だった。仮面の下に支配欲を隠す玉脇役の中村、アナキスト役の原田芳雄のユーモラスな演技、生の世界を代表する女性役の加賀まりこも光った。

脚本は田中陽造。原作である泉鏡花の同名の小説を核にしながら、オリジナルな世界をつくり上げている。

ここにも注目 生誕100年を記念

『陽炎座』（1981年）は『ツィゴイネルワイゼン』（80年）、『夢二』（91年）とともに、鈴木清順監督（1923〜2017年）の華麗な美学を代表する作品として知られ、「浪漫三部作」と呼ばれている。

23年の生誕100年を記念して、この3作の4Kデジタル完全修復版が製作され、特集上映『SEIJUN RETURNS in 4K』が全国で順次開催された。

『ツィゴイネルワイゼン』の原田芳雄、『陽炎座』の松田優作、『夢二』の沢田研二、それぞれの主演俳優を見比べるだけでも楽しい。3作とも脚本は田中陽造だ。

▼キネマ旬報ベスト・テン3位。139分。カラー。

1988年▼伊丹十三監督

『マルサの女2』

笑いにくるんで巨悪を告発

出演＝宮本信子、津川雅彦、三國連太郎、加藤治子ほか

伊丹十三は時代のはるか先を行く映画監督だった。宗教法人を隠れみのに私腹を肥やす連中や、彼らを利用する権力者たちの実態を生々しく描いた『マルサの女2』を久々に観て、改めて実感した。

前年公開され大ヒットした『マルサの女』の続編。今回も、おかっぱでそばかすが特徴の国税局査察部（通称マルサ）の女性査察官、板倉亮子（宮本信子）が主人公だ。

バブル景気の真っただ中、高層ビルの建設が続く東京では、地上げ屋による強引な土地・建物の買収が横行していた。与党の大物政治家、漆原（中村竹弥）から地上げの指示を受けた国会議員、猿渡（小松方正）は同郷の知人、鬼沢（三國連太郎）に仕事を依頼する。

鬼沢の肩書は宗教法人「天の道教団」の管長。だが、裏では、教団幹部の猫田（上田耕一）や、やくざのチビ政（不破万作）らを使い、地上げや風俗業などで巨額の利益を上げていた。そして、宗教法人の宗教活動は非課税という法律を悪用、巧妙に脱税をしていた。

映画は、鬼沢らが立ち退きを拒否する人々を悪辣な手段で脅し、目的を果たしていく過程と、脱税の証拠を見つけようと内偵を続ける板倉らマルサのメンバーの奮闘を並行して描いていく。

前作との大きな違いは、脱税者らが強大な力を持っていることだ。黒幕的存在の漆原は、野党を

※『マルサの女２　Blu-ray』
Blu-ray 発売中　5,170 円（税抜価格 4,700 円）　発売・販売元：東宝

含む政治家や財界のトップに人脈を持つ。彼らを後ろ盾とする鬼沢は、マルサの取り調べに「俺は国のために地上げをやっている」と主張。東京が世界の金融センターになるために、自分たちが、政府や大企業の偉いさんたちに代わって汚い仕事を引き受けているのだ、と弁舌を振るう。

その言葉にリアリティーを感じさせるのは、入念な取材に基づき伊丹自身が執筆した脚本に力があるからだ。ターゲットが巨大すぎて前作のような快感はないが、本当に悪いのは誰なのかと問い、日本社会の病根を指摘したことは、さすがだ。

三國が、老いと死を恐れ、金と若い性にすがる鬼沢を喜々として演じている。笑いにくるんで巨悪を撃つ。伊丹映画の真骨頂がここにある。

ここにも注目　笠智衆も出演

社会現象にまでなった前作を受けて作られた続編だけに、多彩な俳優たちが顔をそろえている。マルサ側では津川雅彦、大地康雄ら前作からのメンバーに加え、丹波哲郎、益岡徹らが出演。「天の道教団」の教祖に加藤治子、信者に原泉ら、ベテラン俳優が脇を固めている。黒幕役の中村竹弥はテレビの時代劇でおなじみの名優だった。

さらに、伊丹の監督デビュー作『お葬式』で僧侶役だった笠智衆が、今回も元僧侶の役で出演している。大きな役柄ではないが、淡々と語る場面がしっかり収められているのがうれしい。

※▼127分。カラー。

1995年▼伊丹十三監督

『静かな生活』人は支えあって生きていく

出演＝渡部篤郎、佐伯日菜子、山崎努、今井雅之ほか

1997年に64歳で亡くなった伊丹十三は、本格的に映画監督デビューした『お葬式』以降、計10本の作品を残した。

8作目の『静かな生活』は、高校時代からの親友で義弟でもあるノーベル賞作家、大江健三郎の同名の小説が原作。脳に障害がある青年イーヨーとその家族の日常を描いた映画には、他の作品とは異質な若々しさとユーモラスな温かさがある。

物語の中心になるのは、実際の大江健三郎、息子で作曲家の光らを思わせる5人家族。精神的なピンチにある作家のパパ（山崎努）が外国の大学からの招待を受諾。ママ（柴田美保子）も同行することになる。留守宅に残されたのは、障害はあるが、音楽に優れた才能を持つ長男イーヨー（渡部篤郎）、絵本作家を目指す長女マーちゃん（佐伯日菜子）、予備校生の次男オーちゃん（大森嘉之）の3人だ。

映画は、近所で起きた痴漢事件、イーヨーの音楽教師である団藤さん（岡村喬生）とその妻（宮本信子）が絡む出来事、親族の葬儀のためにマーちゃんとイーヨーが父の故郷に向かう旅などが矢継ぎ早に描かれていく。

やがて、イーヨーは水泳教室に通い始め、新井君（今井雅之）という青年がコーチをしてくれる。

※『静かな生活』
Blu-ray 発売中　5,170円（税抜価格 4,700円）　発売・販売元：東宝

※

これが、とんでもない事件の始まりだった……。

中盤までのほのぼのとした雰囲気が、新井君の登場以降、不穏な気配が漂う。パパが書いた小説の中のショッキングな犯罪シーンが、いきなり挿入されるのに、戸惑う人もいるかもしれない。だが、こうして虚実を自在に駆け巡るのが大江文学の持ち味で、それを尊重しながら、随所に伊丹風味付けをしたのが、この作品の特長だと思う。痴漢の犯人を竹刀で打ちのめす場面など、伊丹映画ならではの笑いがある。

今井が邪悪さを秘めた青年を好演。渡部、佐伯の新鮮さ、現実の大江をほうふつさせる山崎の演技も印象的だった。

大江光作曲の音楽が全編を流れる。伊丹自身の言葉を借りれば「束の間、愛すべきイーヨーとともに暮らす体験をし、人間というのはお互い支えあって生きてゆくものなんだという思い」を、観客に味わわせてくれる作品だ。

ここにも注目　真剣に生きるカッコよさ

伊丹十三は、大江健三郎の原作本の解説で「大江君という人はほんとに真面目な人」「僕はこの映画を通じて、若い人たちに、真剣に生きることのカッコよさのようなものを知って貰いたいと思います」と記している。

伊丹は映画公開の２年後に自殺。３年後の２０００年、大江は伊丹の死を題材にした長編小説『取り替え子（チェンジリング）』を出版。作品中で伊丹を豊かによみがえらせた。それは、映画の中で、伊丹が大江を思わせるパパを人間味豊かに造形したことと響き合っているようにも感じる。

大江は２０２３年3月、88歳で死去した。

▼121分。カラー。

1999年▼大島渚監督

『御法度』

タブーに挑んだ大島の遺作

出演＝ビートたけし、松田龍平、武田真治、浅野忠信ほか

大島渚は闘う映画監督だった。人間が自由に生きることを抑圧する全てのものに抗し、映画を通して闘い抜いた。それは、ある時には社会や国家の悪を暴露する作品になり、またある時には、心の深奥に潜む欲望を引きずり出す作品になった。

遺作となった『御法度』も、そうした大島らしさを貫いた映画だ。時代劇では定番の新選組を題材にしながら、従来と全く異なるイメージを創出した。ワダエミがデザインした黒い隊服をはじめ、常識にとらわれず新しい映画を生み出そうとする意欲が伝わってくる。

1865年、幕末の京都。反幕府勢力の鎮圧に当たる新選組に、美貌の剣士、加納惣三郎（松田龍平）が入隊する。当時、成人男子は前髪をそり落とすのが通例だったが、18歳だという惣三郎は前髪を残したままだ。

同期入隊の田代彪蔵（浅野忠信）は、少年のような雰囲気と妖しい色気を持つ惣三郎に一目ぼれし、肉体を求める。惣三郎はやがて、田代と深い仲になり、さらに言い寄ってくる別の隊士とも関係を持つようになる。

事情を知った局長、近藤勇（崔洋一）は、副長の土方歳三（ビートたけし）に、惣三郎に女遊びを

教え事態を収めるように命じる。実務を担当するのは監察の山崎（トミーズ雅）だ。武士道に背いてはならないなど5カ条の局中法度を制定。違反した隊士は粛清し統制を保ってきた隊内に、混乱が広がっていく。

原作は、司馬遼太郎の短編小説集『新選組血風録』中の『前髪の惣三郎』『三条磧乱刃』の2編。原作以上に局中法度を強調していることが、さまざまな「御法度＝タブー」と闘い続けてきた大島の意志だと思う。

『戦場のメリークリスマス』のデビッド・ボウイや坂本龍一に象徴されるように、さまざまなキャリアの人物を起用するのが、大島作品の特徴。今作でも、トミーズ雅や、新選組の幹部役の坂上二郎が笑いを誘い、たけしが物語の要となる土方役を存在感たっぷりに演じている。沖田総司役の武田真治が好演。これが俳優デビューの松田も初々しく妖しい。もっと怪物性があれば、というのは欲張りすぎだろう。

ここにも注目　車いすで現場に臨んだ

『御法度』は、大島渚にとって『マックス、モン・アムール』（1986年製作、日本公開は87年）以来の劇映画になった。96年に渡航先のロンドンで脳出血で倒れた大島は、リハビリを経て車いすで撮影現場に臨み、周囲を驚かせる気迫で作品を完成。完成披露会見では「会心の作品」と言い切る自信作だった。『御法度』は99年12月に公開。翌年のカンヌ国際映画祭のコンペ部門に出品されたが無冠に終わった。大島はその後再び体調を崩し、2013年1月15日、80歳で死去。『御法度』が遺作となった。

▼キネマ旬報ベスト・テン3位。100分。カラー。
DVDが松竹から販売中。

【Column】
『なぜ君は総理大臣になれないのか』は、なぜ多くの支持を集めたのか

コロナ禍は、好況に沸いていた映画界に強い逆風となった。だが、むしろ追い風になったと思える作品がある。

大島新監督『**なぜ君は総理大臣になれないのか**』だ。「ただ社会を良くしたい」という一心で政治と向き合っている野党の衆議院議員を主人公に、彼のように誠実で優秀な人間が力を発揮することができない日本の政治の現実を描いたドキュメンタリーだ。基本的には地味な映画で、平時なら、『**誰がために憲法はある**』などの井上淳一監督が嘆いていたように、「『届く人』にしか届かない」作品で終わっていたかもしれない。

ところが、20年6月13日に都内の映画館で公開されると、連日完売になるヒットになった。どうやら、普段なら「届かない人」たちの心までも動かしたようなのだ。

なぜ、そんな事態が生じたのかを確かめようと、7月後半、東京・有楽町の映画館に行った。平日の夜8時45分からの回。新型コロナウイルス感染者が再び増加している時期だったが、40人ほどの客が入っていた。感染防止のため前後左右は空席で、座れるのは約80席だから、結構な入りと言ってもいいだろう。男女比はほぼ半々。20代から40代くらいの仕事帰りという感じの人が多く、シニア層は、自分を含めて数人だった。「夜の街は怖いという気分がまん延しているのに、皆、何を求めて、映画館に足を運んでいるんだろう」。そう考えているうちに映画が始まった。

▼いくつかの疑問

映画は面白かった。政治家にも選挙運動にも縁がなかったので、新鮮だったのかもしれない。主人公の小川淳也は、東大を出て官僚になったが政治家に転身したというエリート。2003年に32歳で初出馬した時には「政治家になりたい、と思ったことは一度もないんですよ。〝なりたい〟ではなく、〝ならなきゃ〟なんですよ」と熱く語る。しかも二枚目。こんなんで人生が分かるのか、とやっかむ気持ちが起きたが、映画を

通して観ると、彼の正直さや誠実さには脱帽せざるを得ないと、素直に思った。

疑問を感じた部分もある。まず、小料理屋の宴席に田﨑史郎がにこやかに現れて、小川と同席した場面だ。近年の田﨑は、安倍政権にすり寄り、喜々として宣伝マンを務めているように見える。小川の本心はいったいどこにあるのかと、疑念を抱いた。

次は、2016年の民進党の代表選で小川が前原誠司の最側近として動き、翌年の総選挙では迷ったあげく、希望の党から出馬するところだ。映画の肝のような部分だが、納得はできなかった。「安保法制反対しとったじゃろが！ イケメンみたいな顔しやがってお前、心は真っ黒やないか」と小川をののしる自転車に乗ったおやじに、心情的に近いものがあった。

田﨑については、もう一カ所、印象的な場面がある。森友学園問題が起きた後、小川の事務所を訪れた田﨑は「森友はたいしたことがない」と言う。それに対して小川は「それは違う。皮膚の病気などではなく、長期政権がもたらした内臓疾患みたいなもので、深刻な病だ」という趣旨のことをきっぱり言う。

きちんと筋を通して反論するこの場面を見て、宴席の場面で抱いた幻滅感は解消した。よくこの場面を撮れたと感心する。大島新という監督は、父親の大島渚と表現方法は違うが、実は父親に劣らぬしたたかなアジテーターではないのかという思いが頭をかすめた。

▼正直者はばかを見るのか？

鑑賞後、パンフレットを買った。「小川淳也との17年」という大島の文章を読み、「なんでこんなに真っ当で優秀な人が、うまくいかないんだ」という政治の世界への怒りが映画を撮るきっかけだったと知った。

ストンと胸に落ちた。一緒に映画を観た人たちと声を交わすことはなかったが、なぜ、この映画を観に来たのか分かったような気がした。皆、怒っているのだ。

2012年から続く安倍長期政権で、政治家が平気で嘘をつく場面を何度見てきただろう。公文書を書き換え、あったことをなかったことにする。忖度がはびこる中で無理がまかり通り、正直者がばかを見続けてきたのではないか？

コロナ禍はそんな政治の劣化を白日の下にさらした。自粛生活中、普段は政治に関心を払う余裕がない人も、有効な施策を期待してニュースを注視した。だが、政権からは、国民の命が第一だという思いも、収入を断たれた人々を一刻も早く救済しなければという切迫感も伝わってこなかった。アベノマスク、検察庁法改正案と検事長の賭けマージャン、持続化給付金事業者の幽霊法人疑惑、「Go To トラベル」……。この間、話題になったことを挙げるだけで、小川が指摘した「内臓疾患」が全身に広がっているように思えてしまう。「政治家は誠実なだけではダメ。批判票の受け皿を作れなければ、結局安倍政権を補完するだけになる」。小川に対する同僚の政治記者の評価は厳しい。だが、政治に絶望的な怒りを感じている人々の心に、この映画が小さな希望の灯をともしたことは間違いない。

「小川淳也議員、17年間で人相が全く悪くなっていないことに驚いた」「自分自身についても考えさせられる」。空疎な言葉をもてあそぶのではなく、威勢のいい言葉であおるのでもなく、悩み、逡巡する姿を隠さない。ツイッターには、そんな小川の生き方に対する共感があふれている。

ラスト近く、家賃4万7千円の高松市の自宅で、小川が妻の作った夕食を食べる場面がある。電子レンジで温めた油揚げをうまそうに口にする姿を見た時、何だか胸が熱くなった。監督にまんまと乗せられたのかもしれない。ところで、大島監督は、本気で映画で現実を変えようとしているのだろうか？　機会があれば、それを聞きたい。

（「キネマ旬報」２０２０年9月上旬号）

Ⅱ－4　異才たち

1981年▼高畑勲監督

『じゃりン子チエ劇場版』

元気やないと生きていけん

声の出演＝中山千夏、西川のりお、三林京子、芦屋雁之助ほか

「うちは日本一不幸な少女や」。『じゃりン子チエ』の主人公は、大阪の下町で暮らす小学5年生チエちゃん。父親のテツはけんかが大好物で働くのは大嫌いというむちゃくちゃな人物で、テツがトラブルを引き起こすたび、自分にそう言い聞かせる。「元気やないと生きていけん」のだ。はるき悦巳の原作漫画が「漫画アクション」で連載が始まった1978年以来、チエちゃんからたくさん力をもらってきた。高畑勲監督によるこの劇場版アニメは、そんなチエちゃんの魅力を伝える格好の入門編だ。

竹本チエ（声の出演・中山千夏）は、今日も姿をくらましている父親テツ（声・西川のりお）に代わり、ホルモン焼きの店を1人で切り回している。テツは父親（声・鳳啓助）にうそをついてせしめた金を元手に、ばくち場で遊んでいる。

テツに愛想をつかし別居中の妻ヨシ江（声・三林京子）。チエを気にしているのに意地悪してしまう同級生マサル（声・島田紳助）。ある事情でばくち場を廃業し「お好み焼き屋のおっちゃん」になった百合根光三（声・芦屋雁之助）。さらに猫の小鉄（声・西川きよし）、アントニオと息子のジュニア（声・横山やすしの一人二役）ら多彩なキャラクターに囲まれ、チエがけなげに生きていく姿が

描かれていく。

けんかやばくちが堂々と出てくるのに眉をひそめる人もいるかもしれない。だが、決して暴力を礼賛する作品ではない。テツは欠点だらけだが、妻や小学時代の恩師には頭が上がらない愛すべき点があるし、チエ、テツ、ヨシ江は深いところで思い合っている。彼らをはじめ、登場人物たちが取りつくろわずに本音で生きているのが、笑いと元気のもとなのだ。

『アルプスの少女ハイジ』『赤毛のアン』などテレビアニメで活躍していた高畑が、情熱を注いで作った作品。おっちゃんがお好み焼きを作る途中、悲しい出来事を思い出して涙と鼻水をたらす場面など、後年のスタジオジブリ作品を思わせるリアルな描写も楽しめる。声の出演をしている吉本興業所属のお笑いタレントの顔触れも、一時代を感じさせて懐かしい。

ここにも注目　テレビアニメも総監督

『じゃりン子チエ劇場版』の公開は1981年4月。同年10月から83年3月まで、65話のテレビアニメが毎日放送で放送された。劇場版の監督、高畑勲が総監督、中山千夏、西川のりおがチエとテツの声を引き続いて担当した（91年からの第2期アニメは監督が別）。

テレビアニメで初登場するキャラクターで印象的なのは、チエの同級生ヒラメちゃん。原作で元々活躍しており、絵と相撲が好きな、かわいい少女だ。目が離れ、横広で平面的な顔の彼女をアニメ化する際、斜めから見た角度の顔で止まらないように工夫した話を、高畑が『ほぼ日刊イトイ新聞』で話していて、これがなかなか面白い。

▼110分。カラー。
ブルーレイ、DVDがウォルト・ディズニー・ジャパンから販売中。

1997年▼宮崎駿監督

『もののけ姫』

自然との共生は可能か

声の出演＝松田洋治、石田ゆり子、田中裕子、小林薫ほか

人類は森を破壊し、森にすむ生き物の居場所を奪って、文明を発達させてきた。だが、それは人間にとって、本当に幸福につながる道だろうか？

宮崎駿監督『もののけ姫』は、原作・脚本・監督を務めた宮崎の歴史観や現代社会に対する批判が、ぎっしり詰まった作品だ。『風の谷のナウシカ』や『君たちはどう生きるか』に共通するメッセージも多く、宮崎ワールドの核心をなす重要な作品と言えよう。

中世の日本。大和《やまと》との戦いに敗れて以来、東の地に潜んできたエミシ一族の村に巨大なイノシシが現れる。石火矢で撃たれた苦しみと憎しみで「タタリ神」となったのだ。一族の青年アシタカ（松田洋治）は、村を守るためにタタリ神を倒すが、死の呪いをかけられてしまう。イノシシが撃たれた西の地では何が起きているのか？　アシタカは1人、旅立つ。

やがて、砂鉄から鉄を作る「たたら場」を訪れた彼は、働く人々を束ねるエボシ御前（田中裕子）や、エボシの命を狙う少女サン（石田ゆり子）らと出会う。山犬に育てられ、巨大な山犬の背に乗って移動するサンは、人々から「もののけ姫」と恐れられている。

背景には、中世の中国地方で「たたら製鉄」が発展。そのために必要な大量の砂鉄と木炭を、山を

※スタジオジブリHPより

※

削り木を切って得た歴史的な事実がある。

アシタカは、たたら場で働く貧しい人々や重い病の人々を幸せにしたいというエボシの気持ちを理解すると同時に、人間に滅ぼされていく動物たちのために森の神々とともに闘うサンにも共感する。「森と人が争わずにすむ道はないのか」。アシタカは苦悩する。

公開時、宮崎は56歳。ダイナミックな展開と想像力にあふれたキャラクターから、全盛期のエネルギーが伝わってくる。ヒロインをはじめ、女性たちが生き生きと描かれているのも印象的だ。

心に深く残るのは、困難な道であっても、自然との共生や他者と分かり合うことを諦めてはならないというメッセージだ。たとえ別々の場所で暮らしても「ともに生きることはできる」。アシタカがサンに告げる言葉に、宮崎の思いが込められている。

ここにも注目

森繁、美輪ら豪華な声優陣

1997年7月に公開された『もののけ姫』は『E・T』(82年)がそれまで保持していた観客数、入場料金収入の記録を塗り替えた。宮崎駿が作詞、久石譲が作曲・編曲した主題歌も大ヒット。米良美一の透明な高い歌声が話題になった。

声優陣も豪華だった。サンを育てた巨大な山犬モロの君を美輪明宏、イノシシ神の最長老である乙事《おっこと》主《ぬし》を森繁久彌が担当したのをはじめ、森光子、田中裕子、小林薫ら多彩な顔触れが出演。主役2人を担当した松田洋治、石田ゆり子をもり立てた。石田はサンのほか、エミシの村の娘カヤの声も担当している。

▼キネマ旬報ベスト・テン2位。133分。カラー。
ブルーレイ、DVDがウォルト・ディズニー・ジャパンから販売中。

1987年▼馬場康夫監督

『私をスキーに連れてって』

バブル時代の空気を映す

出演＝原田知世、三上博史、原田貴和子、沖田浩之ほか

馬場康夫監督『私をスキーに連れてって』はバブル景気に沸く1987年に公開され、大ヒット。スキーブームの火付け役となった青春映画だ。スキーが大好きな都会の若者たちを主人公にしたたわいない恋愛物語だが、なぜか惹きつけられるものがある。「未来は明るい」と多くの人が信じた時期の浮かれた幸福感を、見事に伝えているからだ。

東京の総合商社に勤務する矢野文男（三上博史）の趣味はスキー。シーズンになると、毎週末、車を飛ばしてスキー場に行き、滑走を楽しむ。外科医の泉和彦（布施博）らスキー仲間は、恋愛に奥手で恋人もいない文男に女性を紹介しようとしていたが、文男はゲレンデで出会った女性、池上優（原田知世）に一目ぼれしてしまう。直後に文男はあえなく振られてしまうが、優が同じ商社の秘書課に勤めていることが分かり、紆余曲折を経て交際を始める。

原作は、4コマ漫画『気まぐれコンセプト』などで知られるホイチョイ・プロダクションズ。同プロを主宰する馬場が初めて映画監督を務めた。

ヒロイン優が着ていた白いスキーウエアが公開後に大流行するなど、映画のさまざまな影響が話題になったが、馬場自身は「映画が流行をつくったのではなく、白いウエアがはやると分かっていたか

※『私をスキーに連れてって』
Blu-ray: ￥4,180（税込） DVD: ￥3,300（税込） 発売元：フジテレビジョン・小学館・ポニーキャニオン 販売元：ポニーキャニオン ©1987 フジテレビ・小学館

ら着せた」と話している。今も多くのファンに支持されるのは、こうした徹底的なリサーチと、従来の日本映画にはない楽しいスキー映画にしたいという情熱が、作品を支えているためだろう。

「サーフ天国、スキー天国」「恋人がサンタクロース」「ＨＡＰＰＹ　ＮＥＷ　ＹＥＡＲ」など、劇中で流れる松任谷由実の歌が効果的だ。スノーボードも携帯電話もまだ※普及していなかった時代のトレンディーなラブストーリーを、おしゃれにもり立てている。

原田の透明感、三上のひたむきさも役柄とうまく合っていた。文男の会社に勤める元プロスキーヤー役に田中邦衛を配したのは、若大将シリーズへのオマージュだろうか。敵役の竹中直人が、控えめに存在感を発揮しているのが面白い。

ここにも注目

ホイチョイ映画3部作

本作の大ヒットで、ホイチョイ・プロダクションズ原作、馬場康夫監督の『彼女が水着にきがえたら』（１９８９年）『波の数だけ抱きしめて』（91年）が相次いで公開された。３作品はホイチョイ・ムービー３部作と呼ばれている。

脚本は３作とも一色伸幸。主役は原田知世・三上博史→原田知世・織田裕二→中山美穂、織田裕二、音楽は松任谷由実→サザンオールスターズ→松任谷由実と変転した。最終作『波の数だけ──』が公開された91年は、バブル経済崩壊が鮮明化した年。まさにバブルを象徴する３部作だった。

▼98分。カラー。

1988年▼市川準監督

『会社物語 MEMORIES OF YOU』

さらばクレージーキャッツ

出演＝ハナ肇、植木等、谷啓、木野花ほか

定年退職するサラリーマンを主人公にした市川準監督『会社物語 MEMORIES OF YOU』は、クレージーキャッツのメンバーが全員出演した最後の作品だ。

7人の中で唯一存命だった犬塚弘が94歳で亡くなったのをきっかけに見直し、「それでは、皆さんさようなら」というキャッチコピーにじんとした。一時代を築いたグループへの敬愛が伝わってくる温かい作品だ。

花岡（ハナ肇）は、東京の商事会社の総務課長。12月の誕生日で、34年間勤めてきた会社を定年退職になる。家族との時間より仕事の付き合いを優先する会社人間だった花岡だが、最近は疎外感を抱くことが多い。

妻、子連れで実家に戻った娘、浪人中の息子と暮らす社宅からは退去を迫られ、次の就職先は見つからない。花岡は、職場でただ一人、彼を大切に思ってくれる部下、木村（木野花）に「送別会は不要」という回状を作ってくれるように頼む。

そんな彼に、学生時代はジャズのトロンボーン奏者として鳴らした同僚の谷山（谷啓）が、「最後に一発、会社でジャズを」と持ちかける。花岡も就職前、ジャズバンドのドラマーとして米軍基地で演奏していたのだ。

鈴木聡と市川の共同脚本は、花岡と職場の若い女性（西山由美）との一夜のデートや、社内でジャズバンドが結成されるエピソードなどを通して、中高年男性の悲哀や、サラリーマン社会の内実を丁寧に描いていく。

バンドに参加するのが、守衛室勤務の上木原（植木等）をはじめ、桜田（桜井センリ）、犬山（犬塚弘）、安井（安田伸）らクレージーの面々であるのは言うまでもない。外国で亡くなったという設定の石橋役の石橋エータロー以外の6人が、ガード下の飲み屋でジャズ談議を繰り広げ、ジャズの名曲を演奏する場面は、ファンにはたまらない。

夜明けの東京のオフィス街。通勤するサラリーマンたちの足音、計算された映像、音響も記憶に残る。公開から35年、バブル崩壊前の日本社会では終身雇用が慣行だったことに改めて気付く。労働環境が大きく変わった今、若者たちは、花岡の気持ちを果たして理解できるだろうか。

ここにも注目　お薦めのクレージー出演作

クレージーキャッツの面白さを味わうには1962年公開の『ニッポン無責任時代』『ニッポン無責任野郎』（いずれも古沢憲吾監督）がお薦め。主演の植木等が歌う「スーダラ節」などの挿入曲も楽しい。

メンバー個々の出演作としては、ハナ肇の主演作『馬鹿まるだし』『なつかしい風来坊』、犬塚弘が気のいいヤクザ役で好演した『吹けば飛ぶよな男だが』（3作とも山田洋次監督）が記憶に残る。谷啓が、ハマちゃんの上司、佐々木課長役でいい味を出している『釣りバカ日誌シリーズ』も忘れがたい。

▼99分。カラー。
ＤＶＤが松竹から販売中。

1989年▼森田芳光監督

『キッチン』
心に染みる透明な優しさ

出演＝川原亜矢子、松田ケイジ、橋爪功、中島陽典ほか

あれっ、原作の吉本ばななの小説『キッチン』の舞台はこんな町だったっけ。公開時に見逃していた森田芳光監督『キッチン』をＤＶＤで見始めた途端に、主人公が暮らす町の風景に目を奪われた。「風町」や「北公園」行きの市電が走る坂のある街路が、それほど美しく印象的だったのだ。

映画では「北方市」となっている町が実は北海道函館市なのを確認し、小説を三十数年ぶりに読み直して、原作には地名が一切登場しないことも確かめた。映画が成功した理由の一つが、函館ロケにあったのは間違いない。北の町らしい透明な空気感が、映画で描かれる優しい人々の物語とぴったり合っているのだ。

幼い頃に両親を亡くした桜井みかげ（川原亜矢子）は、一緒に暮らしていた祖母が病死し、悲しみに打ちひしがれている。眠れない夜が続き、一番落ち着く台所の冷蔵庫の前で眠るようになった。ある日、祖母の葬式を手伝ってくれた青年、田辺雄一（松田ケイジ）が突然やってきて、自分が母親と住んでいる家に引っ越さないかと勧める。

雄一の家を訪れたみかげは、母親の絵理子（橋爪功）からも同居を熱望される。2人の暮らしぶりを詮索しないみかげに、雄一は、絵理子は本当は父親で、母の死後、女性になって自分を育ててきた

※『キッチン』
販売元：バンダイナムコフィルムワークス　DVD 発売中

※

と話す。しばらくして、みかげは田辺家に引っ越す。恋人でもない男性と女装したゲイの父親との生活は、3人にとっては自然で楽しかったが、理解しない人もいた。

映画の中のインテリア、キッチン用品、食器、観葉植物などのセンスが、今見てもおしゃれだ。みかげと雄一の関係、絵理子がゲイであること、家族のさまざまな形という点で、その後訪れる大きな変化を先取りしていた映画とも言えよう。

10代向けのファッション誌『mc Sister』の専属モデルとして活躍していた川原の俳優デビュー作。176センチの長身と爽やかな持ち味が、役とうまく重なった。原作に漂う死の香りは薄れたが、それもこの映画の魅力になっている。叙情的な音楽と、優しさを押しつけず他者を受け入れる人々が織りなす物語は、心と体を解きほぐしてくれる。

ここにも注目　印象的な食の場面

暗い画面の中央に白い冷蔵庫が浮かび上がる映像から始まる『キッチン』には、印象的な食のシーンが多い。

みかげと雄一が一緒に食べる定食屋のカツ丼。早朝、仕事から帰宅した絵理子のためにみかげが作るおかゆ。絵理子と仕事仲間が大量のフルーツを買い込み、室内を暗くして作るジュース。田辺家を出て、料理教室のアシスタントとして働くみかげが、雄一の誕生祝いに作る豪華な中華料理。

そうした場面を丁寧に撮り、食を通した人と人のつながりや関係性の変化を描いているのも、この作品の特長だ。

▼106分。カラー。

1992年▼大林宣彦監督

『青春デンデケデケデケ』

10代の日々、生き生きと

出演＝林泰文、大森嘉之、浅野忠信、永堀剛敏ほか

大林宣彦監督『青春デンデケデケデケ』は、1960年代半ばのエレキブームを背景に、バンド活動に情熱を燃やす地方都市の高校生を、生き生きと描いた映画だ。

ザ・ベンチャーズの「パイプライン」、チャック・ベリーの「ジョニー・B・グッド」などの名曲が流れる中で、若者たちが繰り広げるドラマは記憶の玉手箱を開けるように懐かしい。『転校生』『時をかける少女』などに連なる大林・青春映画の傑作だ。

65年3月、香川県観音寺市。15歳の藤原竹良（林泰文）は、ラジオから流れてきたエレキギターの「デンデケデケデケ」というサウンドに、雷に打たれたような衝撃を受け、ロック音楽の道を目指すと決める。

翌月、高校に入学した竹良は軽音楽部の部室を訪ね、留守番の白井（浅野忠信）と意気投合。1年生だけでロックバンドを結成することにする。竹良は、寺の息子で仲良しの合田（大森嘉之）を説得。ブラスバンド部員だった岡下（永堀剛敏）も引き込み、4人のメンバーがそろった。

4人はアルバイトや家業の手伝いで稼いだ金で楽器を購入したが、練習場所がない。苦労している彼らを見て、高校の英語教師、寺内（岸部一徳）が、顧問になるから部活動にすればいいと助け舟を

出してくれた。

主人公・竹良と同学年で、観音寺市生まれの作家、芦原すなおの直木賞受賞小説が原作。大林は観音寺でロケ撮影し、地元の方言も生かすなど、原作の忠実な映画化にこだわった。複数の16ミリカメラで撮った映像はライブ感にあふれ、時にはフレームから人物がはみ出すこともあるが、それをマイナスと感じさせない。竹良が画面に向かって語りかける場面など自主映画風なタッチも、内容とよく合っている。

※

バンドのメンバー、学校の友人、先生、家族、町の人たち。登場人物が皆優しく、善意の持ち主であるのを、甘いと感じる人もいるかもしれない。だが、10代の頃を振り返れば、そうした人々が確かに周囲にいたし、誰かに助けてもらったおかげで大人になることができたのだと思う。そんな素直な気持ちにさせてくれる映画だ。

ここにも注目　全部絵にしてみせる

2020年10月、観音寺市の『広報かんおんじ』は、同年4月に82歳で亡くなった大林宣彦監督を追悼し、「デンデケデケデケは鳴り止まない」という特集を組んだ。

大林作品の名美術監督として知られた薩谷和夫の描いた『青春デンデケデケデケ』ロケ地のスケッチなどの企画とともに、大林の「原作小説に書かれていることは一行たりとも外すまい。全部絵にしてみせようという覚悟でやっていた」という言葉が紹介されている。

映画の中で、主人公の頭の中の考え、だじゃれなども映像化されている理由がよく分かった。

▼キネマ旬報ベスト・テン2位。135分。カラー。

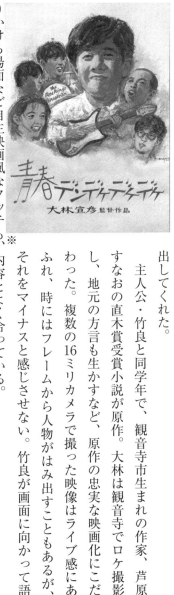

『愛の新世界』

爽やかな疾走感覚がある

出演＝鈴木砂羽、片岡礼子、萩原流行、宮藤官九郎ほか

1990年代前半、試写室を出た直後に取材を申し込んだ作品が、3本あった。周防正行監督『シコふんじゃった。』、ウォン・カーウァイ監督『欲望の翼』、高橋伴明監督『愛の新世界』だ。前の2本は、前著で既に紹介したが、『愛の新世界』はまだだった。「SMの女王様」を主人公にしたR18＋（18歳未満観覧不可）指定の作品を、新聞連載コラムで取り上げることへのためらいもあった。だが、2022年、高橋監督の新作『夜明けまでバス停で』に感動したのがきっかけで久々に見直し、青春映画の傑作だと再確認した。大人の映画ファンにぜひお薦めしたい。

レイ（鈴木砂羽）は小劇団の俳優。東京郊外のアパートで1人暮らしし、渋谷のSMクラブで女王様のアルバイトをしている。ある日、エレベーターで乗り合わせたホテトル嬢のアユミ（片岡礼子）と意気投合する。

仕事を劇団仲間にも隠さず、性に対してオープンなレイ。風俗の仕事で結婚資金をため、玉の輿に乗ることを夢見ているアユミ。映画は、2人の仕事現場と日常を、荒木経惟（アラーキー）撮影のレイのヌード写真を挟みながら描いていく。過激なシーンも多いが、下卑たいやらしさはない。

夜通し遊んだ2人が、山崎ハコが明るく歌う「今夜は踊ろう」をバックに、早朝の六本木から渋谷

※『愛の新世界』【無修正完全版】
Blu-ray & DVD 好評発売中　Blu-ray：4,700 円（税抜）/DVD：3,800 円（税抜）
発売元：G・カンパニー

までを走る場面をはじめ、胸を張って自分の生き方を貫く若い女性の伸びやかさが、心に残る。

鈴木が出色だ。主演デビューとは思えない大胆で自然な演技で、観客の心をつかんだ。取材依頼がかない、公開前に実現したインタビューで「自由に楽しくできました。でも、何て、いばらの道を踏み出したんだろうと怖くなっています」と話していた彼女が、その後、大輪の花を咲かせていることを祝福したい。

※

ラストに流れる映像は、鈴木の実父が一人娘の幼年時代から撮影し、主演作のために提供した8ミリフィルムだという。

ＳＭクラブの常連客で、見ている方が悲鳴を上げそうなほど痛めつけられる役を演じた萩原流行をはじめ、渡辺哲、田口トモロヲ、大杉漣、哀川翔らが個性豊かな見せ場をつくっている。

ここにも注目　クドカンらが劇団員役

レイが所属する小劇団「ドリームキッズ」のメンバー役も多士済々だ。

演出家役は、劇団「大人計画」を主宰する演出家、俳優の松尾スズキ。同じく「大人計画」のメンバーである宮藤官九郎（クドカン）、阿部サダヲをはじめ、実際に小劇団に所属する俳優が劇団員を演じている。

映画の中では劇団の練習風景や交流場面、さらに『君の事情を抱きしめて』という新しい作品の公演が劇中劇として描かれる。これらのシーンがうそっぽくないのも、映画の良さになっている。

▼キネマ旬報ベスト・テン9位。114分。カラー。

『ひみつの花園』

若さと情熱が伝わってくる

出演＝西田尚美、利重剛、角替和枝、内藤武敏ほか

矢口史靖監督『ひみつの花園』は、日本映画では珍しいスピード感あふれるコメディーだ。

１９９０年の「ぴあフィルムフェスティバル（ＰＦＦ）」でグランプリを受賞した矢口の、劇場映画２作目。粗削りでチープな部分を、欠点ではなく、インディーズ映画らしい自由さと感じさせるのが、作品の力だろう。映画初主演の西田尚美の体を張った熱演をはじめ、作り手たちの若さと情熱が伝わってくる。

鈴木咲子（西田）は子どもの頃から、お金が大好き。短大の就職活動で銀行を受け「趣味はお金を数えること」と面接試験で明言、採用される。

半年後、他人のお金を数えることに飽きてきて「銀行強盗が入り、人質になって悲劇のヒロインにならないかなあ」と夢想していると、本当にその通りのことが起きる。

強盗の車は富士の樹海で転落事故を起こし、爆発炎上。咲子は５億円の札束が入ったスーツケースもろとも川に流され、樹海の奥の池まで運ばれる。ケースは水底に沈むが、咲子は奇跡的に救助される。

復職した咲子は、世間では、５億円は車と共に焼失したと思われていることを知る。咲子は銀行を

※『ひみつの花園』
DVD 発売中　5,280 円（税抜価格 4,800 円）　発売・販売元：東宝

退職、スーツケース回収作戦を開始する……。考える暇がないほど展開が速い。咲子は走り、転び、ぶつかり、落ちる。特に転落シーンは、車ごと転落、滝から転落、部屋の床が抜けて転落、ロッククライミングで転落、家の屋根から転落、土手から転落、と覚えているだけで6回もあるのだから、半端ではない。

　泥だらけになって奮闘する咲子を演じた西田を、大学の地質学教授役の内藤武敏、助手役の利重剛らが、渋く支えている。咲子の父（鶴田忍）、母（角替和枝）、妹（田中規子）らの、微妙にピントがずれた感じもおかしい。自動車教習所教官役の伊集院光も、きちんと見せ場があった。

　咲子が激流で流される場面では特撮を駆使する監督の喜びが伝わり、捜索の手掛かりをつかもうとする場面で使われるパラパラマンガの手法は懐かしい記憶を呼び覚ます。映画はこれだから楽しい、という思いがちりばめられている作品だ。

※

ここにも注目　ＰＦＦの功績

　ぴあフィルムフェスティバル（ＰＦＦ）が、自主映画のコンペティション「ＰＦＦアワード」と、新人監督のデビューを支援する長編映画製作援助システム「ＰＦＦスカラシップ」を両輪に、日本映画の活性化に果たしてきた役割は大きい。

　ＰＦＦのホームページには「アワード」に入選後、劇場デビューした主な監督18人が、写真付きで紹介されている。「森田芳光、石井岳龍、犬童一心、中島哲也、黒沢清、諏訪敦彦、園子温、成島出、橋口亮輔、塚本晋也、矢口史靖、中村義洋、佐藤信介、熊切和嘉、李相日、荻上直子、内田けんじ、石井裕也」。事実が功績を雄弁に物語っている。

▼83分。カラー。

1998年▼中田秀夫監督

『リング』怖がらせ方のうまさに感服

出演＝松嶋菜々子、真田広之、中谷美紀、竹内結子ほか

中田秀夫監督『リング』を久々に観たのは、猛暑のニュースがきっかけだ。「高齢者は暑さに対する感覚が鈍くなっている」と聞き、恐怖への感覚も同じかもしれない、それなら、二十数年前は震え上がった映画も楽しめるのでは、と思ったのだ。

「貞子」のキャラクターや主題歌の歌詞「きっと来る」が有名過ぎて、今さら取り上げるのが恥ずかしい気もするが、物語を一応紹介しておこう。

浅川玲子（松嶋菜々子）はテレビ局のディレクター。「見ると1週間後に死ぬ」と、うわさになっている「呪いのビデオ」の取材をしている。

玲子は、数日前に変死しためい、智子（竹内結子）の葬儀に参列。智子が死の1週間前に友人たちと一緒に伊豆の貸別荘に宿泊し、友人らも智子と同日同時刻に死亡したことを知る。伊豆に行った玲子はビデオを見つけ、映っている内容を確かめようとして、自分も呪いをかけられてしまう。

小学生の陽一（大高力也）と2人暮らしの玲子は、陽一の父親で元夫の大学講師、高山竜司（真田広之）に助けを求める。霊感が強く、優れた推理力を持つ高山は、玲子が伊豆から持ち帰ったビデオをダビングしてもらい、調査を開始する……。

改めて観ると、怖がらせ方のうまさに感心する。冒頭、智子が犠牲になる場面では、女子高生同士のたわいない話や日常が自然に描かれることで、唐突な恐怖の襲来が効果的になった。しかも、その恐怖がいったん去って、観客がほっとすると、再び何かが起きるのだ。「貞子」を安易に登場させず、犠牲者の苦悶の表情で、怖さを想像させるのも巧みだった。

たまたま借りたのが「呪いのビデオ」だったらという怖さは、レンタルビデオが隆盛だった公開時に比べ薄れたが、今でも十分恐ろしい。

さて、加齢は恐怖への感覚を鈍らせたか。今回は、「貞子」がテレビからはい出してくる絶叫場面も冷静に眺めることができたが、これは自宅で観たからかもしれない。24年前は映画館の暗闇の中で、大画面の映像と不気味な音響に目も耳も奪われていたのだ。もう一度映画館で観るまで、結論は控えたい。

ここにも注目　原作も怖い

原作は、鈴木光司の同名の小説。1991年に出版され、93年に文庫本になっている。主人公が男性の雑誌記者という違いはあるが、物語の骨格は映画とほぼ同じだ。

文庫本になった後で読んだが、読み終えた本は直ちに捨ててしまった。もちろん、本から「貞子」がはい出してくるのが怖かったのだ。

同時上映された『らせん』をはじめ複数の続編映画があるが、韓国、米国でのリメーク版を含め、いずれも未見である。恐怖への感覚が鈍麻したことを確認した上で、『リング』で打ちのめされ見逃した『らせん』や、他の作品に挑戦したい。

▼95分。カラー。
ブルーレイがKADOKAWAから発売中。

1998年▼本広克行監督

『踊る大捜査線 THE MOVIE』

事件は現場で起きている

出演＝織田裕二、柳葉敏郎、深津絵里、小泉今日子ほか

1998年に公開された本広克行監督『踊る大捜査線 THE MOVIE』の記録的なヒットは、人気テレビドラマの映画化という大きな流れを、日本映画界に生み出すきっかけとなった。

青島俊作（織田裕二）は、東京・湾岸署勤務の刑事。仕事に誇りと情熱を持ち、同僚の恩田すみれ（深津絵里）らとともに激務をこなしている。

署の上層部の署長（北村総一朗）、副署長（斉藤暁）、刑事課長（小野武彦）はいずれも、保身とコストカットが最優先の事なかれ主義者。上にはぺこぺこし、下には無理難題を押し付ける。

ある日、湾岸署管内で水死体が発見され、解剖の結果、異常な殺人事件と分かる。青島は、定年後に指導員を務めている古参刑事、和久平八郎（いかりや長介）、若手の柏木雪乃（水野美紀）らと捜査を開始するが、思わぬ事態が起きる。

管内に住む警視庁副総監が誘拐され、警視庁参事官、室井慎次（柳葉敏郎）が本庁の捜査員を引き連れて、湾岸署に乗り込んできたのだ。署内では、刑事たちの金や領収書が盗まれる騒ぎも起きており、湾岸署は殺人、誘拐、窃盗と三つの事件を抱え、大騒ぎになる。

笑いの中に伏線を張った冒頭から、中盤まではスピーディーな展開で観客を引き込む。中間管理職

※『踊る大捜査線 THE MOVIE』
Blu-ray: ￥5,170（税込） DVD: ￥5,280（税込） 発売元：フジテレビジョン
販売元：ポニーキャニオン ⓒ1999 フジテレビジョン

※

と現場との対立を強調し、しかも、管理職をユーモラスに描いたことで「警察もの」の枠を超えて、組織で働く人々の普遍的な問題にした。

「事件は会議室で起きてるんじゃない！　現場で起きてるんだ！」。青島の叫びに共感し、快哉の声を上げた人も多いだろう。ヒットしたのは、それなりの理由がある。

疑問を抱いたのは、刃物で刺された青島を、室井が支えて歩かせる終盤のシーンだ。重傷を負った人間をこんなふうに扱うことはありえないと感じる不自然な場面が、スローも交えて長々と映される。感動を押し付けられているようで残念だった。

『羊たちの沈黙』のハンニバルを思わせる犯人役で小泉今日子が出演。黒澤明監督『天国と地獄』で事件解決のカギとなる桃色の煙が使われる場面と合わせ、名作映画へのオマージュが随所にあるのは楽しい。

ここにも注目　スリーアミーゴズ

湾岸署の上層部3人、神田署長、秋山副署長、袴田刑事課長は、先行したテレビシリーズに続き、北村総一朗、斉藤暁、小野武彦が演じ、スリーアミーゴスと呼ばれて人気を集めた。

この呼び名は米国のコメディー映画『サボテン・ブラザース』に由来し、『天国と地獄』の名場面の引用などと同じように、映画へのオマージュを感じさせる。北村は1935年生まれ、斉藤は53年生まれ、小野は42年生まれ。いずれも舞台から出発、ドラマでは脇役として活躍していたが、『踊る大捜査線』のヒットで一躍人気者になった。

▼119分。カラー。

鈴木清順　陽炎座　1981　196
瀬々敬久　64　ロクヨン　2016　40
せんぼんよしこ　赤い鯨と白い蛇　2006　102

★た行
高橋伴明　愛の新世界　1994　220、夜明けまでバス停で　2022　8
高畑勲　じゃりン子チエ劇場版　1981　208
武正晴　百円の恋　2014　54
田中絹代　乳房よ永遠なれ　1955　154
タナダユキ　ふがいない僕は空を見た　2012　70
塚本晋也　野火　2014　52
鄭義信　焼肉ドラゴン　2018　26
豊田四郎　恍惚の人　1973　148

★な行
中田秀夫　リング　1998　224
成島出　八日目の蟬　2011　74
成瀬巳喜男　石中先生行状記　1950　136、妻　1953　138、コタンの口笛　1959　140
西川美和　ディア・ドクター　2009　86
根岸吉太郎　ヴィヨンの妻～桜桃とタンポポ～　2009　84

★は行
橋口亮輔　恋人たち　2015　46
馬場康夫　私をスキーに連れてって　1987　212
濱口竜介　ＰＡＳＳＩＯＮ　2008　94
早川千絵　ＰＬＡＮ75　2022　10
原恵一　映画クレヨンしんちゃん　嵐を呼ぶモーレツ！　オトナ帝国の逆襲　2001　120
広木隆一　ヴァイブレータ　2003　112、さよなら歌舞伎町　2015　50
細田守　おおかみこどもの雨と雪　2012　60

★ま行
前田哲　こんな夜更けにバナナかよ　愛しき実話　2018　20
増村保造　兵隊やくざ　1965　170
松尾昭典　風と樹と空と　1964　168
松山善三　名もなく貧しく美しく　1961　156
三上智恵＋大矢英代　沖縄スパイ戦史　2018　24
三谷幸喜　清須会議　2013　56
三宅唱　きみの鳥はうたえる　2018　22
宮崎駿　もののけ姫　1997　210
本広克行　踊る大捜査線　ＴＨＥ　ＭＯＶＩＥ　1998　226
森田芳光　キッチン　1989　216、間宮兄弟　2006　104、僕達急行　Ａ列車で行こう　2012　68
森義隆　聖の青春　2016　44

『もっと日本映画を！』
監督名別索引
（50音順、数字は公開年・頁）

★あ行
青山真治　共喰い　2013　58
石井裕也　映画　夜空はいつでも最高密度の青色だ　2017　28、町田くんの世界　2019　18、茜色に焼かれる　2021　12
石川慶　愚行録　2017　30
伊丹十三　マルサの女２　1988　198、静かな生活　1995　200
市川崑　破戒　1962　158
市川準　会社物語　ＭＥＭＯＲＩＥＳ　ＯＦ　ＹＯＵ　1988　214、トニー滝谷　2005　108
伊藤俊也　誘拐報道　1982　174
今泉力哉　愛がなんだ　2019　16
今村昌平　神々の深き欲望　1968　186
入江悠　SR　サイタマノラッパー　2009　90
岩井俊二　リップヴァンウィンクルの花嫁　2016　36
内田吐夢　たそがれ酒場　1955　146
大島新　シアトリカル　唐十郎と劇団唐組の記録　2007　100
大島渚　御法度　1999　202
大林宣彦　青春デンデケデケデケ　1992　218
大森立嗣　セトウツミ　2016　42、星の子　2020　14
緒方明　いつか読書する日　2005　106
岡本喜八　斬る　1968　172
小津安二郎　長屋紳士録　1947　126、早春　1956　128

★か行
熊切和嘉　海炭市叙景　2010　82
黒澤明　生きものの記録　1955　130、乱　1985　132、まあだだよ　1993　134
黒沢清　岸辺の旅　2015　48、散歩する侵略者　2017　34
小泉堯史　雨あがる　2000　176、阿弥陀堂だより　2002　114
五所平之助　煙突の見える場所　1953　144
是枝裕和　歩いても歩いても　2008　98

★さ行
崔洋一　血と骨　2004　110、カムイ外伝　2009　92
坂田雅子　花はどこへいった　2008　96
阪本順治　エルネスト　2017　32
塩田明彦　害虫　2002　116
篠田正浩　夜叉ケ池　1979　192、写楽　Ｓｈａｒａｋｕ　1995　194
清水宏　風の中の子供　1937　142
新藤兼人　裸の十九才　1970　188、濹東綺譚　1992　190
周防正行　終の信託　2012　72
須川栄三　君も出世ができる　1964　166

★や・ら・わ行
矢口史靖　ひみつの花園　1997　222、ウォーターボーイズ　2001　118
山下敦弘　苦役列車　2012　66、オーバー・フェンス　2016　38
山田洋次　下町の太陽　1963　160、男はつらいよ　寅次郎ハイビスカスの花　1980　162、
息子　1991　164
山本薩夫　傷だらけの山河　1964　182、華麗なる一族　1974　184
ヤン ヨンヒ　かぞくのくに　2012　64
吉田大八　桐島、部活やめるってよ　2012　62
李相日　悪人　2010　80
若松節朗　沈まぬ太陽　2009　88

鈴木清順　東京流れ者 1966
相米慎二　お引越し 1993、夏の庭 The Friends 1994

★た・な行
高畑勲　火垂るの墓 1988、かぐや姫の物語 2013
滝田洋二郎　おくりびと 2008
土本典昭　水俣—患者さんとその世界—【完全版】1971
中平康　狂った果実 1956
成瀬巳喜男　驟雨 1956、乱れる 1964
西河克己　青い山脈 1963
西川美和　ゆれる 2006
野村芳太郎　影の車 1970

★は行
長谷川和彦　青春の殺人者 1976
林海象　夢みるように眠りたい 1986
降旗康男　ホタル 2001
細田守　時をかける少女（アニメ映画）2006

★ま行
マキノ雅弘　昭和残侠伝 死んで貰います 1970
増村保造　青空娘 1957、「女の小箱」より 夫が見た 1964、大地の子守歌 1976　、
曽根崎心中 1978
溝口健二　祇園囃子 1953、山椒大夫 1954
三村晴彦　天城越え 1983
森達也　A 1998
森崎東　生きてるうちが花なのよ 死んだらそれまでよ党宣言 1985、ラブ・レター 1998、
ペコロスの母に会いに行く 2013
森田芳光　（ハル）1996、39　刑法第三十九条 1999
森谷司郎　日本沈没 1973

★や・ら・わ行
柳町光男　さらば愛しき大地 1982
山下敦弘　リンダ リンダ リンダ 2005、天然コケッコー 2007
山田洋次　吹けば飛ぶよな男だが 1968、家族 1970、キネマの天地 1986、
たそがれ清兵衛 2002、小さいおうち 2014
李相日　フラガール 2006
若松孝二　寝盗られ宗介 1992

本書の姉妹編『日本映画の再発見』
（立花珠樹著、2022年、言視舎刊）
監督名別索引
（50音順、数字は公開年）

★あ行
石井輝男　ゲンセンカン主人 1993
石井裕也　舟を編む 2013、ぼくたちの家族 2014
伊丹十三　ミンボーの女 1992
市川崑　黒い十人の女 1961
市川準　つぐみ 1990、東京夜曲 1997、大阪物語 1999
井筒和幸　パッチギ！ 2005
今井正　婉という女 1971
今泉力哉　サッドティー 2013
今村昌平　果なき欲望 1958、「エロ事師たち」より 人類学入門 1966、楢山節考 1983、カンゾー先生 1998
呉美保　そこのみにて光輝く 2014
大島渚　儀式 1971、愛の亡霊 1978
大根仁　モテキ 2011
大林宣彦　ＨＯＵＳＥ ハウス 1977、時をかける少女 1983、さびしんぼう 1985
大森一樹　風の歌を聴け 1981
小川紳介　ニッポン国古屋敷村 1982
小栗康平　眠る男 1996
小津安二郎　大人の見る繪本　生れてはみたけれど 1932、東京暮色 1957、彼岸花 1958、お早よう 1959

★か行
木下惠介　カルメン故郷に帰る 1951、喜びも悲しみも幾歳月 1957
熊井啓　海と毒薬 1986、千利休 本覺坊遺文 1989
蔵原惟繕　執炎 1964
栗山富夫　釣りバカ日誌 1988
黒木和雄　竜馬暗殺 1974、ＴＯＭＯＲＲＯＷ 明日 1988、美しい夏キリシマ 2003
黒澤明　わが青春に悔なし 1946、羅生門 1950 、悪い奴ほどよく眠る 1960、用心棒 1961、椿三十郎 1962
黒沢清　ＣＵＲＥ 1997
小泉堯史　博士の愛した数式 2006
小林正樹　からみ合い 1962、怪談 1965
是枝裕和　空気人形 2009

★さ行
崔洋一　友よ、静かに瞑れ 1985
阪本順治　魂萌え！ 2007、団地 2016
澤井信一郎　早春物語 1985、時雨の記 1998
篠田正浩　涙を、獅子のたて髪に 1962、暗殺 1964、沈黙 ＳＩＬＥＮＣＥ 1971
新藤兼人　ある映画監督の生涯 1975、さくら隊散る 1988

立花珠樹
厳選
あのころの日本映画101
いまこそ観たい名作・問題作
こんなに沢山の
素晴らしい日本映画が
あることに感動しました。
――岩下志麻

本書の姉妹編『厳選 あのころの日本映画 101』
（立花珠樹著、2018 年、言視舎刊）

監督名別索引
（50 音順、数字は公開年→ページ数の順）

★あ行
青山真治　ＥＵＲＥＫＡ（ユリイカ）2001　208
磯村一路　がんばっていきまっしょい 1998　176
伊丹十三　タンポポ 1985　28、マルサの女 1987　116
市川崑　野火 1959　44、おとうと 1960　196、東京オリンピック 1965　166、犬神家の一族 1976　54
市川準　ＢＵ・ＳＵ 1987　172
犬童一心　ジョゼと虎と魚たち 2003　94
今井正　青い山脈 1949　164、また逢う日まで 1950　40、キクとイサム 1959　86
今村昌平　にあんちゃん 1959　84、にっぽん昆虫記 1963　106、黒い雨 1989　76
岩井俊二　Love Letter 1995　154
浦山桐郎　私が棄てた女 1969　88
大島渚　青春残酷物語 1960　138、少年 1969　200、愛のコリーダ 1976　24、戦場のメリークリスマス 1983　58
大林宣彦　異人たちとの夏 1988　204
大森一樹　ヒポクラテスたち 1980　150
岡本喜八　ジャズ大名 1986　134
小栗康平　死の棘 1990　186
小津安二郎　晩春 1949　12、秋刀魚の味 1962　20

★か行
川島雄三　女は二度生まれる 1961　104、しとやかな獣 1962　198
河瀬直美　萌の朱雀 1997　34
北野武　キッズ・リターン 1996　156、ＨＡＮＡ－ＢＩ 1998　36
木下惠介　お嬢さん乾杯 1949　162、二十四の瞳 1954　42
熊井啓　黒部の太陽 1968　168、地の群れ 1970　74、サンダカン八番娼館　望郷 1974　52
蔵原惟繕　愛と死の記録 1966　72
黒木和雄　父と暮せば 2004　78
黒澤明　酔いどれ天使 1948　10、七人の侍 1954　14、天国と地獄 1963　22、影武者 1980　130、夢 1990　30
神山征二郎　ふるさと 1983 132
五社英雄　鬼龍院花子の生涯 1982　112
小林正樹　人間の條件 1959～61　46、上意討ち　拝領妻始末 1967　124、東京裁判 1983　56
小林政広　春との旅 2010　210
是枝裕和　誰も知らない 2004　38

★さ行
崔洋一　犬、走る　DOG RACE 1998　158

滝田洋二郎　コミック雑誌なんかいらない！ 1986
竹中直人　無能の人 1991
田中徳三　悪名 1961
豊田四郎　駅前旅館 1958、雪国 1957、夫婦善哉 1955
中江裕司　ナビィの恋 1999
中川信夫　東海道四谷怪談 1959
中原俊　12 人の優しい日本人 1991
成瀬巳喜男　流れる 1956、浮雲 1955
根岸吉太郎　探偵物語 1983、遠雷 1981
野村芳太郎　事件 1978、砂の器 1974、拝啓天皇陛下様 1963、張込み 1958

★は行
橋口亮輔　渚のシンドバッド 1995
長谷川和彦　太陽を盗んだ男 1979
羽仁進　初恋・地獄編 1968
原一男　ゆきゆきて、神軍 1987
東陽一　もう頬づえはつかない 1979、サード 1978
深作欣二　蒲田行進曲 1982、仁義なき戦い 1973
藤田敏八　八月の濡れた砂 1971
降旗康男　駅 STATION 1981
古澤憲吾　ニッポン無責任時代 1962
堀川弘通　黒い画集　あるサラリーマンの証言 1960
本多猪四郎　マタンゴ 1963

★ま行
前田陽一　神様のくれた赤ん坊 1979
増村保造　妻は告白する 1961
松林宗恵ら　社長シリーズ 1956～70
三池崇史　中国の鳥人 1998
三隅研次　座頭市物語 1962
溝口健二　雨月物語 1953
三谷幸喜　ラヂオの時間 1997
森﨑東　時代屋の女房 1983
森田芳光　家族ゲーム 1983、の・ようなもの 1981

★や・わ行
山下耕作　博奕打ち 総長賭博 1968
山田洋次　幸福の黄色いハンカチ 1977、
男はつらいよ 寅次郎相合い傘 1975
山中貞雄　丹下左膳餘話 百萬両の壺 1935
山本薩夫　にっぽん泥棒物語 1965、忍びの者 1962
和田誠　麻雀放浪記 1984

本書の姉妹編『「あのころ」の日本映画がみたい！』
（立花珠樹著、2010年、彩流社発行、言視舎編集）
監督別掲載作品（掲載順）
（50音順、数字は公開年）

★あ行
石井輝男　網走番外地 1965
伊丹十三　お葬式 1984
市川崑　細雪 1983、ぼんち 1960、炎上 1958
伊藤俊也　女囚701号　さそり 1972
今村昌平　復讐するは我にあり 1979、赤い殺意 1964、豚と軍艦 1961
内田吐夢　飢餓海峡 1965、宮本武蔵 1961
浦山桐郎　キューポラのある街 1962
大島渚　絞死刑 1968、日本春歌考 1967
大林宣彦　転校生 1982
岡本喜八　大誘拐 RAINBOW KIDS 1991、肉弾 1968、日本のいちばん長い日 1967、独立愚連隊 1959
小栗康平　泥の河 1981
小津安二郎　小早川家の秋 1961、浮草 1959、東京物語 1953、麦秋 1951

★か行
加藤泰　沓掛時次郎 遊侠一匹 1966
金子修介　ガメラ 大怪獣空中決戦 1995
川島透　竜二 1983
川島雄三　幕末太陽傳 1957、洲崎パラダイス　赤信号 1956、わが町 1956
北野武　あの夏、いちばん静かな海。 1991
木下恵介　笛吹川 1960
工藤栄一　十三人の刺客 1963
神代辰巳　赫い髪の女 1979　98、青春の蹉跌 1974
黒木和雄　祭りの準備 1975
黒澤明　赤ひげ 1965、隠し砦の三悪人 1958、生きる 1952、野良犬 1949、素晴らしき日曜日 1947
小林正樹　切腹 1962

★さ行
崔洋一　月はどっちに出ている 1993、十階のモスキート 1983
斎藤耕一　津軽じょんがら節 1973
阪本順治　顔 2000
佐藤純彌　新幹線大爆破 1975
篠田正浩　乾いた花 1964
新藤兼人　午後の遺言状 1995、狼 1955
周防正行　シコふんじゃった。 1992
鈴木清順　ツィゴイネルワイゼン 1980、けんかえれじい 1966
相米慎二　魚影の群れ 1983
★た・な行

あとがき

7冊目の映画コラム集を出すことができた。日本映画を扱った本としては4冊目で、今回の100本を含め、402本の邦画を取り上げたことになる。外国映画を扱った3冊に収めた300本と合わせると、紹介した作品は計702本になった。

2008年から16年間、こうしたコラムを書き続けてきた中で、原則としたのは、「好きな映画、推薦したい映画を、自分自身の言葉で紹介する」という一点だった。そのために、昔、映画館で観て感動した作品も必ず見直し、可能な限りの関連作品を鑑賞、書籍や資料にも当たり、「なぜ、今、この映画が心に響くのか」ということを確認した上で、原稿に取りかかった。勉強し過ぎて書けなくなり、もうやめたいと思ったこともしばしばあるが、書き終わった途端に、次に取り上げる作品を観たくなる。その繰り返しだった。映画の海は広くて深い、と実感する日々だった。

この本の基になったのは、2022年2月から24年の2月にかけて『もっと知りたい日本映画―名作から話題作まで』というタイトルで、共同通信編集委員室から加盟新聞社に毎週1本、100回続きで送信したコラムだ。20年から23年の間に映画雑誌などに寄稿した時事的なコラムから抜粋した5本を、各章の間に収録している。

前3冊は20世紀の日本映画中心だったが、今回は21世紀の作品に力点を置いた。東日本大震災と東京電力福島第1原発事故、コロナ禍などの未曽有の危機に加え、世界規模で広がる戦争の恐怖の中で、映画は何ができるのか、という問題意識があった。

本の刊行とほぼ同時に、75歳になった。小学1年生の時に同級生と映画館に行き、教師や親からきつく叱られたが、めげずに映画館通いを続けてよかったとしみじみ思う。「いい子」にはなれなかったが、映画のおかげで、ワクワクする時間をたくさん持てた。幸運だったのは、40代からは映画取材が仕事になり、黒澤明監督をはじめ夢のような人々に実際に会えたことだ。新藤兼人監督、篠田正浩監督、山田洋次監督、崔洋一監督、ワダエミさん、香川京子さん、若尾文子さん、岩下志麻さん、吉永小百合さん、三國連太郎さん、渥美清さん、高倉健さん、石坂浩二さん、アキ・カウリスマキ監督、トム・クルーズさん……。ここに書ききれないくらい数多くの映画人にインタビューし、生で聞いた貴重な言葉が、コラムを豊かなものにしてくれた、と信じている。願わくは、この本を通して、読者の皆さんとそうした映画の輝きを共有できますように！

最後になったが、最初のコラム集からこの本まで、7冊の全てを編集し、出版し続けてくれた言視舎社長の杉山尚次さん、書くチャンスをくれた『Ｋｙｏｄｏ Ｗｅｅｋｌｙ』前編集長の高橋裕哉さん、『キネマ旬報』の前野裕一さん、いつも一緒に走り続けてくれた妻、伊津美に、もう少し頑張って書き続けるという決意とともに、感謝をささげたい。

２０２４年９月

立花珠樹

著者………立花珠樹（たちばな・たまき）
映画評論家・共同通信社編集委員。1949年、北九州市生まれ。一橋大卒。90年代から文化部記者として映画を取材する。映画人のロングインタビューや、懐かしい映画の魅力を紹介するコラムなどを執筆。著書に『新藤兼人　私の十本』『岩下志麻という人生』（いずれも共同通信社）、『「あのころ」の日本映画がみたい！』（彩流社）、『あのころ、映画があった』『女と男の名作シネマ』（いずれも言視舎）、『若尾文子〝宿命の女〟なればこそ』『凜たる人生 映画女優 香川京子』（ワイズ出版）、『私が愛した映画たち』（吉永小百合さんと共著、集英社新書）など。

装丁………山田英春
DTP組版………勝澤節子
編集協力………田中はるか

※本書は2022年2月から2024年2月にかけて共同通信編集委員室から配信した「もっと知りたい日本映画——名作から話題作まで」を再編集、加筆したものと雑誌に寄稿したコラムを収めています。なお、DVD、ブルーレイ等のデータは2024年7月現在のものです。

もっと日本映画を！
いまを映す作品と見落とせない名作100

発行日❖2024年9月30日　初版第1刷

著者
立花珠樹

発行者
杉山尚次

発行所
株式会社**言視舎**
東京都千代田区富士見2-2-2　〒102-0071
電話03-3234-5997　FAX 03-3234-5957
https://www.s-pn.jp/

印刷・製本
モリモト印刷㈱

ISBN978-4-86565-279-6 C0074